PHILIPPI DE VITRIACO

ARS NOVA

AMERICAN INSTITUTE OF MUSICOLOGY
ARMEN CARAPETYAN, PH.D.
DIRECTOR

CORPUS SCRIPTORUM DE MUSICA

PHILIPPE DE VITRY

ARS NOVA

EDITED BY
G. REANEY, A. GILLES AND J. MAILLARD

CORPVS SCRIPTORVM DE MVSICA

8

PHILIPPI DE VITRIACO

ARS NOVA

A

GILBERT REANEY, ANDRÉ GILLES ET JEAN MAILLARD

EDITA

AMERICAN INSTITUTE OF MUSICOLOGY
HÄNSSLER-VERLAG
1964
68.080

Hänssler-Verlag, D-7303 Neuhausen-Stuttgart, W. Germany
Reprint 1986
Order-No. 68.080
ISBN 3-7751-1104-2

Contents

INTRODUCTION

The present edition is in general a reprint and combination of the various versions of the *Ars Nova* published in *Musica Disciplina* X (1956), 5-53; XI (1957), 12-30 (French translation); XII (1958), 59-66; and XIV (1960), 29-31. Since the Anonymous III of CS III* is largely based on Vitry's *Ars Nova,* this too is included in the present volume. However, it has since become quite clear that the first 13 chapters (and probably chapter 14) of the Vatican version do not belong to Vitry's work, since they appear separately in the ms Paris, Bibl. Nat., lat. 18514 [1]. They have been retained in this new volume, partly for practical reasons and partly because they are not unconnected with the history of the *Ars Nova.* The ms lat. 18514 originated in the Collège de Navarre in Paris [2], which, according to the anonymous authors of the *Quatuor principalia musicae,* is where the minim was born. It was then given the stamp of authority by Philippe de Vitry [3]. It would not be unlikely that Vitry himself taught at the Collège de Navarre, which was founded in 1315. Another hypothesis suggests that Jacobus, the author of the *Speculum musicae,* also taught at the Collège de Navarre. At least, Robert de Handlo mentioned a certain Jacobus de Navernia [4], and this could well be a misspelling for the Navarina mentioned in the *Quatuor principalia,* since Handlo's treatise is only preserved in Dr Pepusch's copy. This would account for Jacobus' knowledge of Vitry's *Ars Nova,* which he quotes verbatim in his *Speculum.*

* **For all abbreviations see page 9**

[1] Here are the main variants:

II, 6 ternarius ad binarium *7* quaternarius ad ternarium *8* ut novenarius ad octonarium

III, 3 tertio, et ponantur in tertio loco *5* Et sic per

IV, 12 secundo *14* quascumque *15* superioris *pro* superior inferioris ordinis *pro* inferiorem disponatur *pro* opponatur

V, 2 Si aliqua in quantitate abbrevietur, acuitur vel elevatur eius sonus *6* ab octavo G usque ad 12 D, sicut superius dictum est; et deinde ab 15 G usque ad 20, et ultra si possibilitas sit in voce, sed non est secundum usum nostrum

VI, 1 Certitudo passionum monochordi *pro* De operatione monochordi *10* octo *pro* Γ ad G depressum *12* item *pro* sed *14* est gamma

XIII, 1 dividi secundum diatonicum genus *4* si *om* ista, quae nomina vocum habent

XIV, 19 Nota de semiditono majori

[2] A Gilles, 'Contribution à un inventaire analytique des manuscrits intéressant l'Ars Nova de Philippe de Vitry' in *Revue Belge de Musicologie* X (1956), 150.

[3] CS IV, 257a; CS III, 337a.

[4] CS I, 400b.

A considerable slice of the *Ars Nova* occurs in another Paris source, Bibl. Nat., lat. 14741 [5]. Here however it immediately follows the *Quaestiones super partes musicae* attributed to de Muris [6], without any indication that this has ended. The Paris source of the *Ars Nova* extract does not start till chapter XVII, and even then it differs greatly from the Vatican one. It is particularly valuable for its store of further references to actual compositions of the period [7]. Although Coussemaker did not even have this source, which is closer than the others to that in the Vatican, he would have been much more surprised by the completely different versions of Paris, Bibl. Nat., lat. 7378A, London, British Museum, Add. 21455 and Siena, Bibl. Comunale, L.V. 30, which differ greatly among themselves. The important version Paris 7378A, which is extremely difficult to read, proved that Vitry's treatise should consist of both an *Ars Vetus* and an *Ars Nova,* the former clearly based on Franco's teaching. Unfortunately, the source gives only a shortened version of the complete work, so that in comprehensiveness the Vatican source, at least for the *Ars Nova,* is better. Still, Paris 7378A is doubtless the earliest source we have of the *Ars Nova* and the only one of the *Ars Vetus.* The London codex, however, seems to be a reworking of certain important matters of the *Ars Vetus* into the context of the *Ars Nova.* Although recognizable, this new version is a completely altered presentation of the familiar material. Finally, the extremely brief compendium in the late 15th century Siena codex treats only two things, namely the distinction between *modus perfectus* and *modus imperfectus,* and the use of red notes, which are indicated in the examples by hollow white notes. The London ms, strangely enough, does not touch on red notation.

As already pointed out, Coussemaker only knew the *Ars Nova* from the Vatican source, and even then at second hand. It is worth stressing here that Coussemaker utilised existing modern copies of medieval treatises whenever possible, considering it unnecessary to consult the original manuscripts in such cases. Thus, his edition of the *Ars Nova* is based on Martini's 18th century copy [8]. Peter Bohn, who edited the Ars Nova text, setting the Latin side by side with a German translation [9], improved on Coussemaker in places but again never considered consulting the original manuscripts. This should make us think twice about many of Coussemaker's attributions of authorship, but even in the twentieth century the regard for

[5] Fol. 4-5. Important excerpts from P, including the greater part of Vitry's *Ars Nova* extract, are printed in Dom Jumilhac, *La Science et la pratique du plain-chant,* Paris, 2nd ed., ed. Th. Nisard and A. Le Clercq, 1847, 147-149.

[6] GS III, 301-306; CS III, 102-106.

[7] See below, p. 27.

[8] Cf. CS III, xiii.

[9] 'Philipp von Vitry' in *Monatshefte für Musikgeschichte* XXII (1890), 147ff.

auctoritas can still be blind. However, we ought not to go as far as Riemann in considering the *Ars Nova* itself as of doubtful authenticity [10], since we have the clear statements of Coussemaker's Anon. III [11] and VII [12], the explicit of Paris 7378A and that of the Vatican codex. The opening chapters in our edition of the Vatican codex are from two different authors, mainly Boethius for proportions and Lambertus for the parts of music. With the section on *falsa musica* we reach a more individual position, though the first part is again borrowed from Lambertus. All the rest, which concerns notation, is undoubtedly the work of Vitry himself, except possibly for certain minor additions.

In chapter 15 it would seem at first glance that the examples illustrating the value of semibreves ought to be notated as plain semibreves, but after all the examples are supposed to show the *exact* value of plain semibreves and hence minims are included in the examples. It is of course another matter knowing whether these notes were minims at the date when the treatise was presumably written. Riemann objected to the mention of semiminims in this chapter as being an interpolation, thinking that they could hardly have been known as early as 1320 [13]. One might also object that, this being an Italian manuscript, the compiler inserted the mention of semiminims. Even the anonymous 14th century authors of the English *Quatuor principalia musicae* were unable to believe the opinion that Vitry invented the semiminim, because it was not to be found in his motets [14]. However, the version to be found in Anonymous III, at the end, confirms the mention of semiminims, and in a French manuscript too. Most important of all is the evidence of Jacobus in the *Speculum Musicae*. Writing no later than about 1330, he knows all about the semiminim and the various names for notes smaller than the semibreve mentioned by Vitry [15]. He also knows all the mensuration signs mentioned by Vitry in Chapter XVIII of the *Ars Nova* [16]. It seems reasonable to suppose that the minim note-form was introduced first in the classroom to give pupils a clear idea of the different values all represented in the Petrus de Cruce notation by

[10] H. Riemann, *Geschichte der Musiktheorie,* 2nd ed., 1921 233 f.

[11] See p. 85.

[12] "Item Dominus et Magister Philippus de Vitriaco, ad confirmandum et declarandum artem praedictam, in arte nova ordinavit quod est modus et tempus et quae sunt prolationes", CS III, 408.

[13] *Geschichte der Musiktheorie,* 234.

[14] "Qui autem dicunt praedictum Philippum crochetam vel semiminimam aut dragmam fecisse aut eis consensisse errant, ut in motetis suis intuenti manifeste apparet", CS IV, 257a; CS III, 337a.

[15] CS II, 419.

[16] CS II, 430f.

the semibreve. Perhaps the semiminim was invented at the same time as a further clarification of very small notes, even though it was rarely used in practice during the 14th century.

A minor discrepancy of the Vatican edition may be found in chapters 16 and 18, where the same material is apparently treated twice over but in divergent fashion. In chapter 16 we are shown the signs for *tempus perfectum* and *tempus imperfectum,* namely circle and semicircle or three or two strokes like rests. In chapter 18 similar signs are given, but the two or three strokes are included in the circle or semicircle instead of hanging from the lines of the stave like rests. The difference apparently is that in chapter 16 *tempus* alone is indicated, in chapter 18 mode as well. Interestingly enough, the Paris source indicates that the circle containing three strokes and the semicircle containing two are to be found respectively in the motets *Garison* and *Nazarea que decora,* though in the musical sources these works have no other indications of mensuration than the plain circle and semicircle.

The compositions cited vary considerably in the Vatican codex and Paris ms 14741, and, whatever one may say about the Vatican source, the Paris ms mentions at least one work that is not by Vitry himself, namely Machaut's motet *Qui es promesses de Fortune — Ha Fortune trop suis — Et non est qui adjuvet.* The motet *O Maria affectu* may be a 13th century work, since it is written in Vitry's *tempus minimum,* with no more than three semibreves to a breve. Certainly two out of the four works we know for certain are by Vitry are quoted in the *Ars Nova* as well as a number that show stylistic similarities, but this can hardly be considered as evidence that he quoted from his own works exclusively. All we can say is that he tended to quote from his own compositions when he felt they suited his purpose. It is worth noting that such a work as *Cum statua - Hugo* [17], which can be dated 1337, is not mentioned in the *Ars Nova,* nor is *Petre clemens - Lugentium,* datable 1342 [18]. This confirms an early date for the *Ars Nova,* certainly before 1330, when it is quoted in the *Speculum Musicae,* and after 1316, the very likely date of the latest Fauvel motets, of which *Adesto sancta Trinitas and In nova fert animus* are quoted in the *Ars Nova.* The usual tentative date is c. 1320 for this treatise.

As for the contents of the *Ars Nova,* we may ignore chapters 1-13 as borrowed material. Only the monochord division of chapter 6 calls for some comment here as a comparatively simple and well ordered system, in which all the intervals are found by always dividing the string or its parts into

[17] Iv 22, CaB 3. Modern edition, DTO XL, 4; Schrade, 82.

[18] Iv 51; cf. G. de Van, 'La Pédagogie musicale à la fin du moyen âge' in *Musica Disciplina* II (1948), 79 and E. Pognon, 'Du nouveau sur Philippe de Vitry et ses amis' in *Humanisme et Renaissance* VI (1939), 52. Modern edition, Schrade, 97.

halves or quarters, never any more difficult fractions [19]. The next chapter with a more independent approach deals with *falsa musica*. Following on what Lambertus had said about this matter, the author of this chapter seems merely to stress that the introduction of accidentals is necessary and not by any means false. Perhaps the most useful thing he says is that no motet or rondeau can be sung without *falsa musica*. Vitry himself deals entirely with notation. These chapters consider the various values of the semibreve note-shape according to whether it is in *tempus imperfectum* or *tempus perfectum* and according to the number of semibreves per breve, the varying values of the minim and the unvarying value of the semiminim, mensuration signs, combinations of *modus* and *tempus*, red notes, and finally the varying combinations of *tempus* and *prolatio*. Both sources contain the section on mensuration signs which in the Vatican source appears at the end of chapter 18, and in the Paris ms 14741 at the end of the treatise. Yet none of these signs [20] appear to have been in common use, though those at the end of chapter 16 were [21]. It is interesting to see that, while there are no signs indicating prolation in the *Ars Nova* (even the word is omitted in the Vatican source, except in one doubtless revised sentence), the *Ars Perfecta*, based on Vitry's principles and ascribed to him in a lost Vienna ms, indicates prolation by two or three dots inside a semicircle, according to whether there are two or three minims to the semibreve [22].

[19] Cf. S. Wantzloeben, *Das Monochord als Instrument und als System*, Halle, 1911, 88f.

[20] Cf. J. Wolf, *Geschichte der Mensural-Notation von 1250-1460*, Leipzig, 1904, I, 92f.

[21] These may be compared with the similar examples in the *Quaedam notabilia utilia*, CS III, 107. Obviously the three or two strokes hanging from the lines of the stave were abandoned because of their resemblance to semibreve rests, though they occur in two motets of the *Roman de Fauvel* (Cf. W. Apel, *The Notation of Polyphonic Music 900-1600*, Cambridge, Mass., 4th ed., 1949, 330.)

[22] CS III, 33b.

WORKS CITED

AfMW	Archiv für Musikwissenschaft.
CasO	Casimiri, Raffaele, 'Un Tratatello per Organisti di Anonimo del Sec. XIV', *Note d'Archivio per la Storia Musicale* XIX (1942), 99-101.
CasT	Casimiri, Raffaele, 'Teodono de Caprio non Teodorico de Campo, Teorico Musicale Italiano del Sec. XV, Un suo Trattato Inedito', *Note d'Archivio per la Storia Musicale* XIX (1942), 38-42, 93-98.
CS	Coussemaker, C. E. H. de, *Scriptorum de musica medii aevi nova series,* 4 vols., Paris, 1864-76; facs. ed. Graz, 1908 and Milan, 1931.
DTO	*Denkmäler der Tonkunst in Österreich,* ed. R. Ficker, Vienna, 1933, Jahrgang XL, Band 76.
GS	Gerbert, Martin, *Scriptores ecclesiastici de musica....,* 3 vols., St. Blasien, 1784; facs. ed. Graz, 1905 and Milan, 1931.
KJ	Kirchenmusikalisches Jahrbuch.
MachM	Ludwig, Friedrich, *Guillaume de Machaut, Musikalische Werke,* 4 vols., Leipzig and Wiesbaden, 1926-54.
Schrade	Schrade, Leo, *The Polyphonic Music of the Fourteenth Century,* I, Monaco, 1956.

MANUSCRIPTS CITED AND THEIR SIGLA

Apt	Apt, Trésor de la Basilique Sainte-Anne, 16 bis (4). Inventory by H. Besseler, AfMW VII (1925), 203.
Barc	Barcelona, Bibl. de Catalunya, 853. Inventory by H. Besseler, AfMW VII (1925), 201.
Brux	Brussels, Bibl. royale, 19606. Inventory by F. Ludwig, MachM II, 21.
CaB	Cambrai, Bibl. comm., 1328 (1176). Inventory by H. Besseler, AfMW VII (1925), 198.
Fauv	Paris, Bibl. Nationale, fonds français 146.
Iv	Ivrea, Bibl. capitolare. Inventory by H. Besseler, AfMW VII (1925), 188-191.
LoR	London, Brit. Mus., Add. 28550.
P	Paris, Bibl. Nationale, fonds latin 14741.
Pic	Paris, Bibl. Nationale, Coll. de Picardie, 67. Inventory by H. Besseler, AfMW VII (1925), 195.
Trem	Château de Serrant (Maine-et-Loire), ms of the duchess de la Trémoïlle. Inventory by H. Besseler, AfMW VIII (1927), 235 ff.
V	Rome, Bibl. Vaticana, Barberini 307.

THE MANUSCRIPTS

V Rome, Bibl. Vaticana, Barberini 307, c. 1400-1432; cod. membr. in 4°, 33 fol. (cf. H. M. Bannister, *Monumenti Vaticani di paleografia latina,* Rome, 1913, pp. 196-98).

fol. 1-16v Tractatus de musica Magistri Johannis Veruli de Anagnia. Inc. "Cum igitur de arte musice tractare debeamus . . . ." Expl. ". . . . cum maiore aut minima prolatio cum minore. Finito Libro Sit Laus Gloria Christo. Dexteram scriptoris salvet eam deus cunctis horis. Amen. Explicit liber de musica magistri Johannis veruli de anagnia." (CS III, 129-177)

fol. 17-20v Ars Nova Magistri Philippi de Vitriaco. Inc. "Musice tria sunt genera . . . ." Expl. "Et est notandum quod maius tempus imperfectum se habet sicut maius tempus perfectum: — Explicit ars nova magistri Philippi de vetri deo gratias amen amen amen" (CS III, 13-22; Peter Bohn, *Philipp von Vitry* in *Monatshefte für Musikgeschichte* XXII (1890), 147 ff.)

fol. 21-27 Anonymus tractatus de musica. Inc. "Omnis ars sive doctrina honorabiliorem habet rationem . . . ." Expl. ". . . . quelibet in numero suo, salvo semper dicto meliori" (CS III, 177-193)

fol. 27 "Quomodo musica derivatur a moys quod est aqua. Mous grece latina dicitur aqua." Expl. ". . . . qui verberat idem"

fol. 27-29 Isidori Musica. Inc. "Incipit capitulum de musica .l. Musica est peritia modulationis . . . ." Expl. ". . . . in arsi et thesi, id est elevatione et positione" (GS I, 20-24)

fol. 29 "De octo tonis. Gregorius presul meritis et nomine dignus . . . ." Expl. ". . . . aut duo aut .iii. aut .v. faciunt(?) neomam. Explicit tractatus de musica beati ysodori yspalensy episcopi." Excerpta de musica disciplina Aureliani Reomensis.

fol. 29-29v De musis. Inc. "Ut superius dictum est per multos novem sunt muse . . . ." Expl. "Nablum hebraice grece psalterium latine organum dicitur."

fol. 29v-30 "Ars et modus pulsandi organa secundum modum novissimum inventum per musicos modernos. c.d.e.f.G.a♭.♮.c.+d.+e.f.+g.+a♭.♮.c.+d.+e.f.+G.+a♭.♮.c.d" Inc. "Nota quod omnes voces totius organi . . . ." Expl. "semitonium quod est inter .G. et .a." (CasO, 100-101)

fol. 30-31v Regulae contrapuncti fratris Theodoni de Capua. Inc. "Incipiunt regule contrapuncti ordinate per venerabilem virum fratrem Theodonum de caprio de civitate sancte Agathe priorem Capuanum ordinis sacri monasterii montis virginis. In anno domini 1431 . . . . Set in primis ostendendum est que et quot sunt consonantie tam perfecte quam inperfecte secundum naturam hominis". Expl. ". . . . sol mars. Jovis Saturnus. Terra spera celestis". (CasT, 94-98)

fol. 31v Libellus cantus mensurabilis secundum Johannem de Muris. Inc. "Sancti spiritus assit nobis gratia. Incipit ars magistri Johannis de muris de francia scripta per venerabilem virum et religiosum fratrem Theodonum de sancta Agatha priorem Capuanum ordinis sancti monasterii montis virginis sub anno domini 1432. ultimo mensis marcii . . . . In primis videndum: — Musica est arcium domina .... Quilibet in arte praticha et mensurabilis cantus debet esse eruditus ...." Expl. "Imperfecta sive minor [prolatio est quando semibrevis valet duas minimas]." (CS III, 46-47 [58])

fol. 32-32v Vacat

fol. 33 Rota paschalis et dominicalis

P Paris, Bibl. Nat., lat. 14741 (*olim* St Victor 680), 15th cent.; cod. papyr. in 4°, 279 fol.

fol. 1v Index codicis

fol. 2-4 Quaestiones super partes musicae Johannis de Muris. Inc. "Incipit musica super modos et prolationes cuiuscumque temporis .... Partes prolationis quot sunt?" Expl. ".... ut in moteto *Thoma tibi obsequia,* etsi qua sunt similia". (GS III, 301-306; CS III, 102-106)

fol. 4-5 In medio tractatus praecedentis incipiunt capitula XVII-XXIV Artis Novae Philippi de Vitriaco. Inc. "Cum de signis temporis variationem demonstrantibus explete superius facta fuerit mentio ...." Expl. "Semicirculus autem pro modo perfecto et imperfecto indifferenter ponitur, ut in predictis 2 motetis reperitur." (CS III, 20a-22b)

fol. 5-6 "Queritur utrum punctus per sui additionem possit causare brevem alterari ...." Expl. ".... et per ista notabilia possunt solum prefate questiones quare etc."

fol. 6-6v Fragmentum secundi libri Artis Novae Musicae Johannis de Muris, scilicet Musicae Practicae. Inc. "Quod autem certum est quod in ternario numero quiescat omnis perfectio ...." Expl. ".... in dyaphano quod patet per 6 aures dispositas secundum 6 differentias rationis." (GS III, 292-293)

fol. 6v Fragmentum praefationis Artis Novae Musicae Johannis de Muris. Inc. "Princeps philosophorum Aristoteles ait in prohemio metaphysice sue ....". Expl. ".... quia sciunt sed propter quid nesciunt." (GS III, 312)

fol. 7-8 "Cum sine cognitione figurarum non possit haberi mensurabilis musice perfecta cognitio ...." Expl. "Tabula figurarum primo dictarum et nomina earum". Sequuntur nomina valoresque notularum a longissima usque ad minimam.

fol. 8v-9v Tractatus anonymus de discantu. Inc. "Qui veult savoir l'art de deschant, il doibt savoir qu'il sont xiii species de chant, c'est a savoir unisson, demiton ...." Expl. "Se la premier estoit desieme, il crest et vault mieulx monter une pour avoir double que descendat doux pour avoir quinte." (CS III, 496-498)

fol. 10-279 Non agunt de musica

For the other source manuscripts, see the corresponding introductions to other versions of the *Ars Nova*.

For a more recent description of the ms Paris, Bibl. Nat., lat. 14741, see CSM 36 (1986), introduction to the 5th treatise.

[1] < ARS NOVA MAGISTRI PHILIPPI DE VITRIACO

Capitulum I
Quod musicae tria sunt genera >

V 17

[2] Musicae tria sunt genera: mundanum, humanum et instrumentale. [3] De instrumentali ad praesens est intentio. [4] Unde musica instrumentalis dicitur quidquid contingit per aliqua instrumenta, ut cithara, viella, monochordum, de quo tantum ad praesens est intentio. [5] Unde monochordum est instrumentum habens unam chordam, et concordantia eius fit per tria genera modorum, scilicet per diatonicum, chromaticum et enarmonicum. [6] Sed de diatonico hic intendimus.

[1] < Capitulum II
Quod musicae 13 sunt species >

V 17

[2] Unde diatonicum est quidquid concurrit per duos tonos et semitonium. [3] Et sunt eius species 13. [4] Quarum prima species est unisonus in sonis, quod est aequalitas in numeris, ut unitas ad unitatem. [5] Secunda diapason in sonis, quod est duplum in numeris, ut binarius ad unitatem. [6] Tertia diapente in sonis, quod est sexquialterum in numeris, ut tertius ad secundum. [7] Quarta est diatessaron in sonis, quod est sexquitertium in numeris, ut quartus ad tertium. [8] Quinta est tonus, quod est sexquioctavum, ut 9 ad 8. [9] Sexta semiditonus, quod est superquinque-partiens vicesimas septimas, ut 32 ad 27. [10] Septima ditonus, quod est super-17-partiens 64, ut 81 ad 64. [11] Octava semitonium, quod est super-13-partiens 243, ut 256 ad 243. [12] Nona est semitonium cum diapente, quod est super-47-partiens 81, ut 128 ad 81. [13] Decima est tonus cum diapente,

---

1 *om ms* **4** chitara *ms* **5** dyatonicum, cromanicum et enormicum *ms* **6** dyatonico *ms*

1 *om ms* **2** dyatonium *ms* **6** Tertium *ms* **7** sexquialterum *ms* **8** Quintum *ms* 13us ad 6 *pro* 9 ad 8 *ms* **9** Sextus *ms* **10** Septimus *ms* **11** Octavum *ms* 25 *pro* 256 *ms* *hiatus pro ultimo* 243 *ms* **12** Nonum *ms* quod est *om ms* super-41-partiens 81, ut 126 *ms* **13** Decimum *ms*

---

2 (*Cap. I*) Boethius, *De Institutione Musica Libri quinque*, ed. G. Friedlein, Leipzig, 1867, Bk. 1, ch. 2, p. 187.

quod est super-22-partiens 32, ut 54 ad 32. [14] Undecima est semiditonus cum diapente, quod est super-7-partiens 9, ut 16 ad 9. [15] Duodecima est ditonus cum diapente, quod est super-230-partiens 256, ut 486 ad 256. [16] Decima tertia tritonus, quod est super-217-partiens 512, ut 729 ad 512.

[1] < Capitulum III
Quod omnis inaequalitas ab aequalitate procedit >

V 17

[2] Sciendum quod omnis inaequalitas procedit ab aequalitate. Et hoc patet si sumantur tres unitates, quod dicitur esse aequalitas, et ponantur in uno loco. [3] Unde sequitur regula quod, si sumatur aequale primo et ponatur in primo loco, deinde sumatur aequale primo et secundo et ponatur in secundo loco, deinde sumatur aequale primo et duplum secundum et aequale ponatur tertio in tertio loco, tunc provenit duplum, quod est prima species multiplicitatis: Et sic faciendo de duplo venit triplum, et sic de aliis: [4] duplum 1, 2, 4; triplum 1, 3, 9; quadruplum 1, 4, 16. [5] Et per locum, a primo ad ultimum, omnis inaequalitas provenit ab aequalitate. Et haec de multiplicibus dicta sufficiant.

[1] < Capitulum IV
De proportionibus >

V 17

[2] Et sciendum quod ex duplo multiplici provenit sexquealterum in superparticulari terminis conversis, ex triplo sexquitertium, et sic de aliis speciebus:

[3] Duplum terminis conversis	4	2	1
Sexquialterum	4	6	9

---

14 Undecimum *ms* **15** -partiens 256, ut 486 ad 256 *ms* **16** Decimus tertius *ms*

1 Capitulum ... procedit *om ms* **3** tertium in *pro* tertio in *ms* **4** duplum ... 16 *in marg post* speciebus [2] *Capitulum IV ms* **5** multiplicati *pro* multiplicibus *ms*

1 Capitulum ... proportionibus *om ms* **2** multiplicati *pro* multiplici *ms* superiori *pro* superparticulari *ms* **3** *Omnia exempla huius capituli post* propositum [15] *ms* (*ut CS* III, 14b-15a) Dupla *pro* Duplum *ms* Sexquialterum 96444 *super* Sexquialterum 4 6 9 *ms*

---

1 (*Cap. III*) Cf. Jacobi Leodiensis, *Speculum Musicae,* ed. R. Bragard, Rome, 1956, Bk. 1, ch. 53, pp. 156 f. The prime source is Boethius, *De Inst. Arithmetica,* Bk. 1, ch. 32, (Friedlein *ut supra*) pp. 66 ff. and *De Inst. Mus.,* Bk. 2, ch. 7, pp. 232 ff.

2-3 (*Cap. IV*) Cf. Jacobi Leodiensis, *Speculum Musicae,* Bk. 1, ch. 54, pp. 158 f.

[4] Et sciendum quod ex sexquialtero in superparticulari provenit superbipartiens in superpartienti terminis conversis, et similiter ex sexquitertio supertripartiens, et sic de aliis:

[5] Sexquialterum terminis conversis	9	6	4
Superbipartiens	9	15	25

[6] Et sciendum quod ex sexquialtero in superparticulari provenit duplum sexquialterum in multiplici superparticulari terminis non conversis, et sic de aliis:

[7] Sexquialterum	4	6	9
Dupliciter sexquialterum	4	10	25

[8] Item sciendum quod ex superbipartienti in superpartienti provenit duplum superbipartiens in multiplici superpartienti terminis non conversis:

[9] Superbipartiens	9	15	25
Dupliciter superbipartiens	9	24	64

[10] Et sciendum quod, si aliqua proportio multiplicetur per eundem numerum, semper resultabit eadem proportio:

[11] Sexquialterum	3	2
Idem sexquialterum	9	4

[12] Et sciendum quod, si vis ex una proportione facere duas, multiplica primum <terminum> in primo et secundum in secundo et propositum primum in secundo, et habebis medium:

[13] Sexquialterum	9		4
Medium		6	
Sexquialterum	3		2

[14] Et sciendum quod, si vis differentiam duarum proportionum invenire, scribe proportiones quascumque volueris, ita quod prima sit sub prima, secunda sub secunda. [15] Et multiplica per crucem, ita quod prima superior in secundam inferiorem disponatur, et ultima superior in primam inferiorem opponatur, et habebis propositum:

[16] Tonus	9	8
Diapente	3	2
Diatessaron	4	3

4 superiori *pro* superparticulari *ms* **5** *Vide supra* [3] Sexquialterum *om ms* **6** sexquialtera *pro* sexquialtero *ms* superpartienti *pro* superparticulari *ms* multiplici superiori *pro* multiplici superparticulari *ms* **7** *Vide supra* [3] 6 *om ms* **8** superbipartiente *pro* superbipartienti *ms* *bis* superpartiente *pro* superpartienti *ms* **9** *Vide supra* [3] 84 *pro* 64 *ms* **11** *Vide supra* [3] Eadem sexquialterum *pro* Sexquialterum .... 4 *ms* **12** terminum *om ms* *duo pro* secundo *ms* **13** *Vide supra* [3] **14** quasque *ms* **15** prima b superior *ms* secundam a inferiori *ms* disponatur *om ms* ultima inferior in prima in prima inferiori *ms* opponatur *om ms* **16** *Vide supra* [3]

4-5 *Idem,* ch. 55, p. 160. **6-7** *Idem,* ch. 56, p. 161. **8-9** *Idem,* ch. 57, p. 162.

[1] < Capitulum V >
De monochordi proportione
V 17v

[2] Sequitur de proportione monochordi. Si aliqua linea in quantitate abbrevietur, acuitur vel elevatur in sono; et sciendum quod omnis medietas chordae aequaliter sonat suo toto. [3] Petitiones sunt duae, scilicet similis soni simile signum, diversi soni diversa signa. [4] Et sciendum quod bis diatessaron cum tono, vel diapente cum diatessaron, facit diapason. [5] Et sciendum quod ditonus cum semitonio facit diatessaron.

[6] Item sciendum quod, si tu vis super lineam datam constituere omnes species <proportionis> musicae secundum diatonicum genus, primo ponendus est tonus, deinde alius tonus et postea semitonium <a Γ> usque ad <octavum G>, quod finis dicitur primi ordinis diatonici generis propter confusionem differentiarum; [7] deinde ab octavo G usque ad <15 g>, sicut superius dictum est; deinde a 15 g usque ad 20, et ultra si possibilitas sit in voce; sed secundum usum nostrum non <est>, et ut habeatur magis planum, sic pateat in figura:

[8] t t s t t s t t s   s t t s t t s   s t t
ab-♮ c d e
Γ A B C D E F G ab-♮   c d e f g ab-♮ c d e
t'   t'

[1] < Capitulum VI >
De operatione monochordi
V 17v

[2] Sequitur de proportione monochordi secundum operationem. Sit aliqua linea tota Γ, cuius medietas sit aliud G et eius medietatis medietas sit tertium g. [3] <Item de primo Γ tres partes sunt C>, cuius medietas sit aliud

c et istius medietatis medietas sit tertium c (above: c). [4] <Item de primo C tres

---

1 Capitulum V *om ms* **2** trinitate *pro* quantitate *ms* elongatur *pro* elevatur *ms* cordis *pro* chordae *ms* **3** duo *pro* duae *ms* **4** semitonio *pro* tono *ms* **6** proportiones *pro* proportionis *ms* dyatonium *pro* diatonicum *ms* ponendum *pro* ponendus *ms* et *pro* a Γ *ms* 12d *pro* octavum G *ms* diatessaron *pro* primi ordinis diatonici generis *ms* **7** etc ascendendo a G grave *pro* deinde ab octavo G *ms* 12d *pro primo* 15g *ms* bs *pro* secundum 15g *ms* pluralitas *pro* possibilitas *ms* non *pro* non est *ms*

t t s t t s t t s t'tst t s t t s t'tst t s t t s t'tst t s
8 G a b c d e f G a b ♮ c d e f G a b ♮ c d e f G a b ♮ c d e *ms*

1 Capitulum VI *om ms* **2** alia *pro* aliud *ms* G *pro* g *ms* **3** Ergo est autem partes primi G gravis sit *pro* Item de primo Γ tres partes sunt *ms* C *om ms* C *pro* c *ms* C *pro* c (above: c) *ms* **4** C tertium vero partes primi C fit F *pro* Item de primo C tres partes sunt F *ms* medietas fit ad secundum F *ms* medietas fit ad tertium F *ms*

partes sunt F>, cuius medietas sit secundum f et huius medietas sit
f
tertium f. [5] Item de primo Γ duae partes sunt D, cuius medietas sit aliud
d
d et huius medietas sit tertium d. [6] Item dividatur D primum per 3, addita tertia <parte> versus primum Γ, et habetur primum A, cuius
a
medietas sit secundum a et eius medietatis medietas sit tertium a. [7] Item de primo A duae partes sunt E primum, cuius medietas sit e secundum,
e
cuius medietatis medietas e tertium. [8] Item dividatur primum E per tres, et addita tertia <parte> versus primum Γ, habetur primum B, cuius
♮
medietas est ♮ quadratum et eius medietatis medietas secundum ♮ quadratum. [9] Item de primo F tres partes sunt b primum rotundum, cuius medietas sit b secundum rotundum et eius medietatis medietas tertium b
b b
b b
rotundum.

[10] Istorum signorum Γ ad G dicuntur graves, quia gravem cantum reddunt, id est depressimum; et septem acutae quia acutum reddunt cantum; reliquae vero superacutae, quia super acutas ponuntur, vel quia superacutum, id est valde acutum, reddunt sonum. [11] Sed praedicta septem signa monochordi Γ, A, B, C, D, E, F etiam in infinitum ponuntur. [12] Sed secundum usum nostrum sex sunt nomina vocum, scilicet ut, re, mi, fa, sol, la. [13] Et ponuntur supra praedicta signa, ita quod in quolibet G, C, F ponatur ut, et in sequentibus signis voces sequentes; et in hoc fit compositio gammatis. [14] Unde nihil aliud est quam compositio signorum monochordi cum vocibus, et hoc planius apparebit in sequenti figura:

---

5 G grave *pro* Γ *ms* fit aliud D *ms* fit tertium D *ms* **6** parte *om ms* versum *pro* versus *ms* G *pro* Γ *ms* *bis* fit *pro* sit *ms* A *pro* a *ms*
a e
A *pro* a *ms* fiunt *pro* sunt *ms* fit *pro* sit *ms* E *pro* e *ms* E *pro* e *ms* **8** parte *om ms* G *pro* Γ *ms* ♮ *pro* B *ms* b contractum *pro* ♮ *quadratum ms*
♮
tertium *pro* secundum *ms* ♮ *pro* ♮ *ms* **9** prima *pro* primo *ms* fiunt *pro*
b
b b
sunt *ms* fit *pro* sit *ms* b *pro* b et b *ms* **10** G et G *pro* Γ ad G *ms* depressimo *pro* depressimum *ms* **11** G *pro* Γ *ms* et etiam *ms*

e
e ——— la
d
d ——— la sol
c
c ——— sol fa
b
b ——— fa ♮ mi
a
a ——— la mi re
g ——— sol re ut
f ——— fa ut
e ——— la mi
d ——— la sol re
c ——— sol fa ut
b ——— fa ♮ mi
a ——— la mi re
G ——— sol re ut
F ——— fa ut
E ——— la mi
D ——— sol re
C ——— fa ut
B ——— mi
A ——— re
Γ ——— ut

1 < Capitulum VII >
De partibus musicae
V 18

2 Sciendum est quod quatuor sunt partes principales ipsius musicae vel gammatis. 3 Unde prima pars est de signis et nominibus vocum, secunda de lineis et spatiis, tertia de proprietatibus, quarta de mutationibus.

1 < Capitulum VIII
De lineis et spatiis >
V 18

2 Habito de signis et vocibus, nunc est habendum de lineis et spatiis. 3 Linea et spatium, prout hic sumuntur, nihil aliud sunt quam paritas et imparitas. 4 Unde omne quod est in linea dicitur imparitas; quod est in spatio dicitur aequalitas vel paritas. 5 Unde quodlibet signum quod sumitur in impari est in linea, et omne quod sumitur in pari est in spatio.

---

15 GABCDEFGABCDEFGABCDE *pro* ΓABCDEFG abcde abcde *ms*
1 Capitulum VII *om ms*
1 Capitulum .... spatiis *om ms* **3** aliud nihil *ms* quod *pro* quam *ms* **5** quolibet *ms*

Capitula VIII-X: cf. Lambertus, CS I, 255 f.

[6] Unde sequitur secundum numerum naturalem quod, si primum sit in linea, reliquum <erit> in spatio, et insuper omne quartum opponitur primo et omne octavum, sed in octavo loco sumitur simile signum. [7] Ergo si primum sit in linea, reliquum erit in spatio, et e converso. [8] Et hoc secundum quadraturam vel rectas lineas ipsius manus < secunda regula et prima tenent>.

[1] < Capitulum IX >

De proprietatibus musicae

V 18

[2] Sequitur de proprietatibus. Unde proprietas nil aliud est quam differentia. [3] Et sunt tres species, scilicet ♮ quadratum, natura et b molle sive b rotundum. [4] Unde ♮ quadratum dicitur esse tonus ante <A, a
a a
et a>, et b molle dicitur esse semitonium ante <a et a>. Natura dicitur cantus sumptus sine b, id est sine differentia. [5] Unde regula: omne ut in G per ♮ quadratum et voces sequentes, et omne ut in C per naturam, et omne ut in F per b molle. [6] Unde versus:

C naturam dat, F b molle tibi signat,
G quoque ♮ durum te semper habes caniturum.

Et haec sufficiunt de proprietatibus musicae.

[1] < Capitulum X >

De mutationibus

V 18

[2] Sequitur de mutationibus. [3] Unde mutatio nil aliud est quam dimissio unius vocis propter aliam sub eodem sono <et> in eodem signo. [4] Unde sequitur quod, ubicumque fit mutatio, oportet quod ibi sint duae voces ad minus. [5] Sed in Γ ut, A re, B mi et e la, non est nisi una vox, ergo non est ibi mutatio. [6] Nec similiter in b fa ♮ mi, quia ibi sunt diversa signa et diversae voces. [7] Et quia non ponuntur sub eisdem signis, neque sub <eodem> sono se habent. [8] Et ideo non potest ibi fieri mutatio, quia esset tunc contra diffinitionem. [9] Si enim essent in uno sono, deberet dici <b fa mi>; et, ut plenius pateat omnibus, respiciant in monochordo.

---

6 sit *pro* erit *ms* oppositum *pro* opponitur primo *ms* **7** Ergo si sit primum sit *ms* **8** quarta .... tenent *om ms*

a
1 Capitulum IX *om ms* **4** b rotundum *pro* A, a et a *ms* semitonus *ms*
a
♮ quadratum *pro* a et a *ms* **6** *versus prosaice scriptus ms* facit te esse canturum *pro* te semper habes caniturum *ms*

1 Capitulum X *om ms* **3** in sono *pro* sono in *ms* et *om ms* **5** Gammaut, a re, b mi *ms* **7** eodem *om ms* **9** b fa ♮ mi *ms* respiciat *ms*

[10] Sciendum quod, ubi sunt duae voces, ibi sunt duae mutationes, ut in F fa ut, <in quo> dicitur fa ut, <ut fa>. [11] Et aliter, ubicumque sunt tres voces, ibi sunt sex mutationes, ut in G sol re ut et in aliis. [12] Quoniam, ubi duae sunt, ibi prima mutatur in secundam et e converso, <et ubi tres, prima mutatur in secundam et e converso, et prima in ultimam et e converso,> et secunda in ultimam et e converso. [13] Et ratione istius, ubi sunt duae, <non> duplicantur per quatuor <sicut tres> duplicantur in sex. [14] Unde regula quod omnis mutatio desinens in ut re mi dicitur <ascendens>, quia plus habet <ascendere> quam <descendere>, et omnis mutatio desinens in fa sol la dicitur <descendens>, quia plus habet <descendere> quam <ascendere>. [15] Sumitur autem causa ascensionis aut descensionis, ut patet in C fa ut, quoniam, si in ipso aliquis <sumeret fa>, posset <ascendere> usque ad <tertiam> vocem. [16] Qui, si vellet sumere <quartam> vocem, necesse <esset> sumere ut in ipso C fa ut, quod est mutatio de <fa> in <ut>. [17] Et similiter <descendendo> suo modo, et ista sufficiant.

[1] < Capitulum XI
Diffinitio musicae >

V 18v

[2] Nota <quod> musica est scientia veraciter canendi, vel facilis ad canendi perfectionem via. [3] Et dicitur a moys, quod est aqua, et ycos, scientia, quia inventa fuit iuxta aquas. [4] Et sunt eius species 13, scilicet unisonus, tonus, semitonium etc.

[1] < Capitulum XII
De unisono >

V 18v

[2] Unde unisonus est quidquid accipitur in eadem linea vocis <vel in eodem spatio>, et sic ubique in gammate, scilicet in quolibet signo gamma-

---

10 quod *pro* in quo *ms* ut fa *om ms* **12** et ubi tres .... prima in ultimam et e converso *om ms* **13** non *om ms* sic tria *pro* sicut tres *ms* **14** descendens *pro* ascendens *ms* descendere quam ascendere *pro* ascendere quam descendere *ms* ascendere *pro* descendens *ms* ascendere quam descendere *pro* descendere quam ascendere *ms* **15** sumat ut posset *ms* descendere *pro* ascendere *ms* quartam *pro* tertiam *ms* **16** quintam *pro* quartam *ms* est *pro* esset *ms* ut in fa *pro* fa in ut *ms* **17** ascendendo *pro* descendendo *ms*

1 De musica *pro* Capitulum .... musicae *ms* **2** cum *pro* quod *ms* semitonus *ms*

1 Capitulum .... unisono *om ms* **2** vel .... spatio *om ms*

---

2 Cf. Odo, *Dialogus,* GS I, 252.

3 Cf. *Quatuor principalia musicae,* CS IV, 203a.

4 *Idem,* 226a.

tis vel in qualibet voce. [3] Et dicitur ab unus et sonus, quasi habens unum sonum et eumdem secundum figuram et secundum sonum. [4] Item alio modo unisonus dicitur sonus unius vocis, a qua non fit progressio, <enim> semper habet esse vel in eadem linea vel in eodem spatio. [5] Si vero progrediatur ab aliqua voce, vocem tangendo propinquam, tunc aliquando fit tonus, aliquando semitonium. [6] Tamen sciendum est quod unisonus non est consonantia per se ipsum sed est principium aliarum consonantiarum, et sine ipso unisono nulla consonantia esse potest.

[7] Quid est unisonus? Unisonus est vox per quam primo incipimus cantare. Quae quidem vox non ascendit nec descendit, et in potestate cantoris est imponenda sive in excelsa, sive in humili voce. [8] Et ponitur in quacumque clave fuerit necessarius.

[1] < Capitulum XIII >
De semitonio

V 18v

[2] Semitonium est spatium inter duos unisonos quod secundum vocem hominis non potest nec licet dividi vel ponere medium. [3] Et accipitur inter quolibet ♮ quadratum et c, vel e et f, vel a et b rotundum immediate, scilicet post distinctionem vocum, quia inter f et e fit ditonus cum diapente. [4] Sed <si> mi fa accipiuntur inter ista nomina vocum, habent talem distantiam sicut signa addita in qualibet specie, hoc est in supposito.

[5] Non enim dicitur semitonium a semis, quod est dimidium, ut quidam putant, quia minus est quam medietas toni, sicut manifeste apparet in dispositione monochordi, sed dicitur a semus, -ma, -mum, quod est imperfectum, quasi imperfectus sonus.

[6] Semitonium, ut dicit Bernardus, est dulcedo et condimentum totius cantus, et sine ipso cantus esset corrosus, transformatus et dilaceratus. [7] Boetius autem determinat de semitonio per solutionem cuiusdam quaestionis.

---

4 unum *pro* enim *ms*

1 Capitulum XIII *om ms* **4** si *om ms*

a. Ergo inter mi fa fit semitonium, et dicitur a semis, quod est dimidium, et tonus, quod habens dimidium tonum, ut patet figura. Ita dicitur autem semitonium, quasi imperfectus tonus *post* supposito *ms* *a.* figuram *ms*

4-5 Cf. Lambertus, CS I, 257a.

2 *Idem,* CS I, 257b.

5 *Idem,* CS I, 257b-258a.

7 Cf. Lambertus, CS I, 258a; Boethius, Bk. I, ch. 17, p. 203 f.

[1] < Capitulum XIV
De falsa musica >

V 18v

[2] Nam ita est quod aliquando per falsam musicam facimus semitonium ubi non debet esse. [3] Nam in mensurabili musica illud videmus quod tenor alicuius moteti vel rondelli stat in b fa ♮ mi, dicendo per ♮ durum, [4] tunc accipientem in diapente superius suum biscantum, oportet dicere mi in f acuto, et sic per falsam musicam. [5] Nam facere diapente a mi cum fa non est bona concordantia, eo quod ab ipso ♮ quadrato usque ad ipsum f acutum sunt duo toni et duo semitonia, quorum coniunctio nulla est consonantia. [6] Et oportet quod, ubi est diapente ab una voce in aliam, ibi sit bona et vera consonantia.

[7] Et ideo oritur quaestio ex hoc videlicet quae fuit necessitas in musica regulari de falsa musica sive de falsa mutatione, cum nullum regulare debeat accipere falsum sed potius verum. [8] Ad quod dicendum est quod mutatio falsa sive falsa musica non est inutilis, immo est necessaria propter bonam consonantiam inveniendam et malam vitandam. [9] Nam, sicut dictum est, si velimus habere diapente, de necessitate oportet quod habeamus tres tonos cum semitonio. [10] Ita quod, si aliqua figura sit in b fa ♮ mi sub ♮ quadrato et alia sit in f <fa ut> acuto per naturam, tunc non est ibi consonantia, quia ibi non sunt tres toni cum semitonio sed tantum duo toni cum semitonio duplici. [11] Verumtamen fieri potest ibidem quod per falsam musicam appellamus, scilicet quando facimus de semitonio tonum, vel e converso. Non tamen est falsa musica sed inusitata.

[12] Unde notandum est quod b fa ♮ mi non est de origine aliarum clavium. Hoc autem cognoscitur per signum ♮ quadrati vel b rotundi in loco inusitato locatum, ita quod dicamus mi durum in f <fa ut> acuto cum signo ♮ quadrati; [13] vel si b rotundum ponamus in b fa ♮ mi, vel in consimilibus, ita quod sit in toni proportione, et tunc erit cum diapente consonantia. [14] Et ideo falsa musica est necessaria quandoque, et etiam ut omnis consonantia seu melodia in quolibet signo perficiatur.

[15] Igitur scire debes, sicut dictum est, <quod> duo sunt signa falsae musicae, scilicet b rotundum et ista alia figura ♮ <quadratum>. [16] Et talem proprietatem habent, videlicet quod b rotundum habet facere de semitonio tonum, tamen in descendendo, et de <tono> in ascendendo habet facere

---

1 Capitulum .... musica *om ms* tenor sive biscantus *ms* **3** moctecti *ms* **4** acuta *ms* **5** ipsa ♮ quadrata *ms* **10** fa ut *om ms* acuta *ms* **12** b molle *pro* b fa ♮ mi *ms* locati *ms* fa ut *om ms* acutam *ms* **15** sicud *ms* quod *om ms* quadratum *om ms* **16** semitonio *pro* tono *ms* tonum *pro* semitonium *ms*

2-11 Cf. Anon. II, CS I, 310b.
7-11 Cf. Lambertus, CS I, 258a.

<semitonium>. [17] Et e converso fit de alia figura ista ♮, scilicet quod de tono descendente habet facere semitonium, et de semitonio ascendente habet facere tonum. [18] Tamen, in illis locis ubi ista signa requiruntur, <sunt>, ut superius dictum est, non falsa sed vera et necessaria. [19] Quia nullus motetus sive rondellus sine ipsa cantari possunt, et ideo vera. Quia id quod falsum est, sequitur quod non sit verum, sed hoc non est falsum ergo.

[1] < Capitulum XV
De notulis et valore earum >

V 19

[2] Sex minimae possunt poni pro tempore imperfecto. Unde notandum est quod, quando pro tempore imperfecto duae ponuntur semibreves non signatae, ambae sunt aequales, quia quaelibet tres valet minimas, ut hic 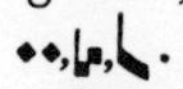. [3] Quando tres ponuntur, prima valet tres minimas, secunda duas, tertia solam, ut hic . [4] Quando quatuor, prima minor, secunda minima, tertia minor, quarta minima, ut hic . [5] Quando quinque ponuntur, tres primae minimae, quarta minor, quinta minima, ut hic . [6] Quando sex ponuntur, omnes erunt aequales minimae, ut hic . [7] Et sic debent proferri omnes semibreves in quolibet tempore perfecto sive imperfecto quando non signantur, quia, si sunt signatae, secundum quod signatae sunt debent proferri. [8] Et notandum quod plures quam sex non possunt poni pro tempore imperfecto nisi ibi sint semiminimae, ut hic .

[9] Sciendum quod secundum diversos istarum semibrevium valores diversa sortiuntur nomina. [10] Unde semibrevis quae sex valet minimas, maior nuncupatur. [11] Semibrevis vero quae quinque vel quatuor, semimaior nuncupatur, a semus, <-a, -um>, quod est imperfectus. [12] Illa vero quae tres valet minimas, recta et vera semibrevis vocatur, licet omnia corpora obliqua largo modo loquendo, id est de semibrevibus, semibreves

---

18 et *pro* sunt *ms* **19** moctectus *ms* non possunt *ms* *in marg post ergo:* Nota de semiditono: videtur quod potius debet continere duos tonos cum dimidio quam unum cum dimidio, quia ditonus per se continet duos tonos. Ergo, adiuncto uno, videtur ibi facere duos tonos cum dimidio vel semitonio. Respondendum est per istam regulam: quando in compositione numerorum minor numerus proponitur maiori, sicut <XIV, I ante V>, abicienda est unitas una a maiore numero; sic similiter est de semiditono *ms* ibi *deletur ms* 14, 1 ante 4 *ms* minori *pro* maiore *ms*

1 De tempore imperfecto *pro* Capitulum .... earum *ms* *omnia exempla huius capituli inter duas lineas ponuntur ms* **11** semis *pro* semus, -a, -um *ms* (*sed* -us *in marg*) imperfecta imperfectum *pro* imperfectus *ms*

---

2 Cf. Anon. III, CS III, 374 f.

vocantur. 13 Illa vero quae duas valet minimas, minor vocatur, ut dictum est prius; quae vero sola, minima appellatur; quae vero minimae medietatem, semiminima nominatur. 14 Minimae tamen et semiminimae, ad gradum salvandum in quo posita fuit minima, alia nomina imponi possent, ita quod minima vocetur semiminor et semiminima minima nominetur.

15 Sciendum est etiam quod secundum modernos, sicut minima potest diminui, sic potest augeri. 16 Unde sciendum est quod, quando duae minimae inter duas semibreves vel breves ponuntur in medietate, secunda minima duas valet minimas et altera minima vocabitur tamen in gradu ternario. 17 Sicut duae semibreves inter duas breves, quando ponuntur in modo perfecto, secunda semibrevis altera vocabitur, quae sex valebit minimas, ut dictum est prius.

1 <Capitulum XVI>

De signis temporum perfectorum et imperfectorum

V 19v

2 Dicto de brevibus et semibrevibus et minimis et semiminimis et de valore earum, dicendum est de signis perfectorum temporum sive imperfectorum. 3 Unde sciendum quod, ad temporis perfecti designationem, circulus apponitur rotundus, quia forma rotunda perfecta est. 4 Vel secundum aliquos obliqui apponuntur tractuli tres, et <uterque> unum <tempus> est, ut hic:

5 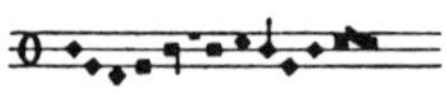.

6 Ad denotandum quod quaelibet semibrevis dividitur in tres partes aequales in ternario loco, dicendum est quod, ubicumque talis circulus vel tres tractuli sine divisionis puncto reperiuntur, <signum> est perfectionis, scilicet quod tempus in se perfectum est, id est aptum natum ad dividendum in tres partes aequales. 7 Quod sit perfectum sic probatur: hoc est perfectum quod habet principium, medium et finem, sed tempus <perfectum> est huiusmodi, ergo etc. 8 Et e converso illud est imperfectum quod caret istis sive uno istorum, sed tempus imperfectum est huiusmodi, ergo. Maior patet, minor declaratur. 9 Tempus enim imperfectum non nisi in duas dividitur semibreves, et sic uno caret istorum, etc. 10 Unde, ad eius <im>perfectionem denotandam, semicirculus vel duo tractuli apponantur:

11 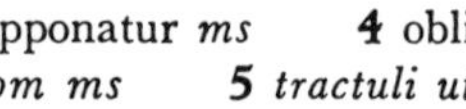

---

1 Capitulum XVI *om ms* **3** apponatur *ms* **4** obliquos *ms* apponantur *ms* utrumque *ms* tempus *om ms* **5** *tractuli ut quietantiae breves ms* **6** semibrevis *pro* brevis *ms* arculus *pro* circulus *ms* reperiantur *ms* non *pro* signum *ms* **7** questio *in marg* tempus est huiusmodi *ms* **10** perfectionem *ms*

[1] < Capitulum XVII >

De variationibus modorum <et temporum> perfectorum et imperfectorum

P 4 - V 19v

[2] Cum de signis temporum variationem denotantibus explete superius facta fuerit mentio, ne ab aliquibus additio fieri posset, quia in modernis cantibus tam in modo quam in tempore fiat variatio, dicendum est. [3] Sunt alii cantus perfecti de modo et tempore, alii imperfecti, alii perfecti de modo et non de tempore, alii e contra, alii partim perfecti et alii partim imperfecti tam de modo quam de tempore.

[4] Et ut notitiam tam de modi quam temporis variatione perfectam habeamus, signa certa tempus perfectum et tempus imperfectum denotantia dare affectamus. Sed primo de diversa cantuum variatione videamus.

[5] Modus perfectus vocatur quando tria tempora sive perfecta sive imperfecta pro perfectione qualibet accipiuntur, modus vero imperfectus quando duo. [6] Item in modo perfecto longa ante longam semper valet tria tempora, nisi imperficiatur a sola brevi precedenti vel sequenti. [7] Duplex longa sex tempora valet. [8] In modo vero imperfecto simplex longa duo valet tempora, nunquam valet tria, nisi punctus divisionis apponatur. [9] Duplex longa vero quatuor, nec potest augeri nec minui, nisi per solam minimam vel per duas, ut hic  .

[10] Item in modo perfecto, ut visum est, duplex longa imperficitur duobus modis, sive cum sola brevi, et tunc non valet nisi 5 tempora, sive cum duabus, et tunc non valet nisi 4. [11] Posset etiam imperfici per minimas, sicut duplex imperfecta. [12] Praeterea in modo perfecto secunda duarum brevium inter duas longas positarum, ut visum est in arte veteri, alteratur. [13] In modo vero imperfecto nulla potest nec debet alterari.

---

1 Capitulum XVII *om* V et temporum *om* V Capitulum .... imperfectorum *om* P **2** temporis *pro* temporum P demonstrantibus *pro* denotantibus P explete superius *om* V fecimus mentionem *pro* facta .... mentio V ne .... posset *om* V quando *pro* quia V in *om* V cantoribus *pro* cantibus V dicendum est *om* P **3** de *semper om* V tempore et non modo *pro* e contra V **4** ubi *pro* ut V de modo quam temporis variationem habeamus perfectionem *pro* de .... habeamus V aliud modum *pro* certa tempus V aliud modum *pro* et tempus V notitiam *pro* denotantia V **5** dicitur *pro* vocatur P sive *om post* tempora V capiuntur *pro* accipiuntur P est quando V **6** Item *om* P semper *om* V nisi .... sequenti *om* P precedente V sequente V **7** Duplex .... valet *om* P **8** vero *om* P tempora *om* P nec unquam plus valere potest *pro* nunquam .... tria V divisionis *om* V **9** longa *om* V longa longa P nisi .... *exemplum om* P **10** Sed *pro* item P sive *om post* modis V tempora *om* V **11** Posset .... imperfecta *om* P **12** Item *pro* Preterea P positarum *om* V in arte veteri *om* V **13** nec debet *om* V

[14] Item in modo perfecto pausae sunt integrae, id est in uno corpore; in modo vero imperfecto non <sunt>. Et est notandum quod in modo perfecto maior pausa duorum temporum in uno corpore non debet fieri. [15] Unde sciendum est quod quotiescumque pausae trium temporum in uno corpore reperiuntur, modus est perfectus, ut in *Orbis orbatus.* [16] Quotiescumque vero duae vel plures pausae reperiuntur immediate, quarum quaelibet valet duo tempora, modus est imperfectus, ut in moteto *Adesto sancta Trinitas,* etc.

[17] Modus perfectus et tempus perfectum insimul continentur in moteto qui vocatur *Deus iudex fortis.* [18] Modus est perfectus quia semper tria tempora pro qualibet perfectione accipiuntur. [19] Tempus est perfectum quia quodlibet tempus in 3 aequales partitur semibreves.

[20] Modus autem imperfectus et tempus imperfectum continentur in moteto *Adesto.* [21] <Modus est imperfectus> quia ibi duo tempora pro perfectione qualibet accipiuntur. [22] <Tempus est imperfectum> quia quodlibet tempus non partitur nisi in 2 aequales semibreves.

[23] Modus perfectus de tempore imperfecto continetur in *Bona condit.* [24] Quare est modus perfectus visum est supra, quare tempus imperfectum visum est etiam.

[25] Tempus perfectum et modus imperfectus in *Misera per liconia.* [26] Tempus partim perfectum et partim imperfectum et modus con-

---

14 Item .... fieri *om* V non sint P **15** Unde .... quod *om* V Item quotiescumque V quotienscumque P modus dicitur *pro* modus est P ut .... orbatus *om* P orbatur V **16** Quoties *pro* Quotiescumque P vero *om* V duae pluresve P quarum 2 valeat tempora P moteto *om* V vetus *pro* sancta .... etc V **17** insimul *om* V quodam simili *pro* moteto V qui vocatur *om* P fortis *om* P **18** Quare est modus *pro* Modus est P qualibet *om* P **19** Quare de tempore perfecto *pro* Tempus est perfectum P quolibet *pro* quodlibet *et sic in toto capitulo* V aequales *om* V *Post* semibreves *reperitur sententia* [23] **20** autem *om* V moteto *om* V **21** Modus est imperfectus *om* V Quare est modus imperfectus *pro* Modus est imperfectus P ibi *om* P qualibet *om* P capiuntur *pro* accipiuntur P **22** Tempus est imperfectum *om* V Quare de tempore imperfecto *pro* Tempus est imperfectum P non nisi *om* V aequales *om* V **23** ex *pro* de V **24** Quare .... etiam *om* V **25** Tempus .... liconia *om* P **26** etiam continentur V moteto *om* V selon nature *om* V Guarison selonc P Et .... modi *om* V

---

15 Orbis orbatus *conservatur* Fauv f. 7. *Editio moderna,* Schrade, 22.

16 Adesto sancta Trinitas *conservatur* Fauv f. 43, Brux 4 *et* LoR f. 43v (*intabulatura pro organis*). *Editio moderna* KJ XIV (1899), 19; Schrade, 60.

23 Bona condit *conservatur* Iv 28, Apt 31, CaB 6, Trem. 1. *Editio moderna,* AfMW VIII (1927), 247; Schrade, 85.

25 *Titulus* Misera per liconia *in* V *valde incertus est, sed in Paris, Bibl. Nat., lat. 7378 A* Preconio *legi potest.*

26 Garison selon nature *conservatur* Iv 37. *Editio moderna,* AfMW VII (1925), 249; Schrade, 72.

tinentur in moteto *Garison selon nature*. Et ista sufficiant pro divisione temporis et modi.

[1] < Capitulum XVIII

De signis modorum et temporum perfectorum et imperfectorum >

P 5 - V 20

[2] Ad modum perfectum denotandum, secundum aliquos, <ap>ponitur quadrulus, tres intus continens tractulos protractos, ut hic:

[3] Ad modum vero imperfectum denotandum, apponitur quadrulus duos intus continens tractulos protractos, ut hic:

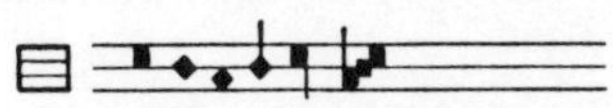

[4] Ad modum et tempus perfectum denotandum insimul, apponatur <circulus> intus tres tractulos continens, ita quod circulus tempus denotet perfectum, tres tractuli modum, ut hic:

[5] Ad signandum vero modum et tempus imperfectum, semicirculus duos intus tractulos continens apponatur, ut hic:

[6] Sed, ut modum dumtaxat sine <tempore> variare <possimus>, signum sibi ipsi singulare proprium, scilicet quadrulum, ut visum est, appropriamus.

Capitulum om P, *sed in fine tractatus sic reperitur: a.* Solent etiam quaedam signa ad temporis et modi temporalis designationem talia figurari: ⦶ talis enim circulus in se continens tres tractulos, qui tractuli desi<g>nant modum perfectum, forma vero rotunda tempus perfectum, ut in moteto *Garison selon nature. b.* Ad modi imperfecti et temporis imperfecti designationem figuratur ⋐, talis <enim semicirculus> in se continens duos tractulos, qui tractuli designant modum imperfectum, semicirculus tempus imperfectum, ut in moteto *Nazarea que decora. c.* Semicirculus autem pro modo perfecto et imperfecto indifferenter ponitur, ut in praedictis 2 motetis reperitur. *a.* desinant P *b.* enim semicirculus *om* P

1 Capitulum .... imperfectorum *om* V 2 ponitur V tres tractulos V 4 circulus *om* V ⨀ V 5 Ͼ V 6 possumus V

---

b. Nazarea que decora *conservatur* Iv 21, Barc 2.

[1] < Capitulum XIX >

De notulis rubeis

P 4v - V 20

[2] Qua de causa rubeae notulae ponantur in motetis, ne id solum videamur ignorasse, breviter videamus. [3] Dicendum est igitur quod principaliter duabus de causis ponuntur. [4] Vel quia rubeae de alia mensura quam nigrae cantantur, ut in *Thoma tibi obsequia,* quare in tenore illius moteti rubeae cantantur ex temporibus perfectis de modo imperfecto, nigrae vero e converso. [5] Vel rubeae aliquotiens ponuntur quia reducuntur sub alio modo, ut in moteto *In arboris empiro,* nam in tenore illius moteti de rubeis tria tempora pro perfectione sunt accipienda, de nigris vero duo. [6] Vel rubeae aliquando huc illuc in balladis, rondellis et motetis ponuntur, quia reducuntur ut ad invicem possint cum aliis perfectionibus computari, ut in *Plures errores.*

[7] Secundo modo apponuntur rubeae, quia cantantur in octava vera loci ubi sunt sitae, ut in *Gratia miseri* et in moteto qui vocatur *Quant amors.* [8] In horum etiam motetorum tenoribus omnes notulae rubeae dicuntur in octava. [9] Aliquando rubeae ponuntur ad differentiam proprii, id est simplicis et plani cantus, quia sicut non de plano, id est de proprio cantu, ut in *Claerburg.* [10] Aliquotiens rubeae ponuntur ut longa ante longam non valeat tria tempora, vel ut secunda duarum brevium inter longas positarum non alteretur, ut in tenore *In nova fert animus.* [11] Vel

---

1 Capitulum .... rubeis *om* P   Capitulum de notulis rubeis primus V   **2** notae *pro* notulae V   ne .... ignorasse *om* V   breviter videamus *om* P   **3** Dicendum est igitur *om* P   ponuntur *om* V   **4** prolatione mensurantur vel canuntur *pro* mensura .... cantantur P   quia *pro* quare P   tenoribus *pro* tenore P   moctecti V   nigrae ex tempore imperfecto et modo perfecto cantantur, rubeae vero e contra *pro* rubeae cantantur .... converso P   **5** aliquotiens *om* P   ut *om* P   empiro *om* V   epyro P   nam *om* V   moctecti *et sic de aliis* V   nigrae notulae sunt imperfectae de tempore imperfecto et rubeae perfectae de tempore perfecto *pro* de rubeis .... duo P   **6** de rubeis *pro* rubeae V   hic *pro* huc P   et *post* huc P   scilicet in V   elegiis et rondellis *pro* balladis .... motetis P   quia reducantur V *om* P   id ad invicem operantur *pro* ut .... computari V   ut .... errores *om* P   Capitulum II *post* errores V   **7** ponuntur *pro* apponuntur P   ut pronuntientur in diapason *pro* quia .... sitae P   moteto Lampadis os manuum *pro* Gratia .... *amors* P   **8** huius moteti *pro* horum .... motetorum P   rubeae notae *pro* notulae rubeae V   diapason *pro* octava P   **9** Aliquando .... Claerburg *om* P   **10** ibi aliquotiens V   vero *pro* rubeae P   per omnia *pro* positarum V   sit *pro* fert V   **11** *Residuum huius capituli om* P

---

5 *In arboris empiro* conservatur Iv 24. *Editio moderna,* AfMW VIII (1927), 245; Schrade, 88.

10 In nova fert animus *conservatur* Fauv f. 44v, Pic f. 67. *Editio moderna,* DTO XL, 2; Schrade, 68.

etiam ponuntur ut longa ante longam valeat tria tempora et brevis ante brevem tres semibreves, ut *In arboris.* [12] Rubeae etiam ponuntur aliquando quia tempus et modus variantur, ut in tenore de *Garison.* In tenore enim illius moteti longae notulae nigrae tria tempora valent perfecta, rubeae vero duo tempora imperfecta. Et aliquando e converso, ut in tenore moteti qui vocatur *Plures errores sunt.*

[1] < Capitulum XX >

De nominibus temporum perfectorum <et de minimo tempore perfecto>

V 20

[2] Cum de temporibus et prolatione secundum quod in sex sive novem dividuntur minimas superius tractavimus competenter, ne de temporis divisione insufficienter videamur tractasse, de tempore strictius tractare affectamus. [3] Unde sciendum est quod tempus perfectum est triplex, scilicet minimum, medium et maius. [4] Minimum tempus posuit Franco. [5] Unde notandum est secundum Magistrum Franconem, et sicut visum est superius, <quod> minimum tempus non est nisi tres continens semibreves, quae quidem adeo sunt strictae quod amplius dividi non possunt, nisi per semiminimas dividantur. [6] Unde notandum quod, quando aliquis cantus temporis perfecti reperitur ubi non nisi tres continentur semibreves pro uno tempore, secundum minimum tempus pronuntiari debent (si sint quatuor, primae duae semiminimae, nisi aliter signentur).

[7] Item sciendum est quod, quando pro isto minimo tempore duae ponuntur semibreves, prima maior debet esse et nunquam secunda, nisi signetur, licet secundum artem veterem superius probaverimus quod secunda debet esse maior. [8] Ratio huius est haec, quia illae semibreves in hoc tempore minimo se habent sicut tres minimae in tempore <maiore>. [9] Nam quando duae semibreves pro tribus minimis ponuntur, prima duas minimas valet, secunda vero solam minimam, nisi aliter signetur, ut superius visum est.

[1] < Capitulum XXI >

De medio tempore perfecto

V 20v

[2] Medium tempus est illud quod continet in se tres semibreves aequales, <quarum> quaelibet duas valet minimas vel valere debet; et

---

1 *Capitula XX-XXIV cum* V *multo discrepant* P, *quare in fine tractatus repe-riuntur* Capitulum XX *om* V et .... perfecto *om* V **2** temporibus *pro* temporis V videamus V **5** quod *om* V continens V **8** maiori *pro* maiore V

1 Capitulum XXI *om* V **2** quae *pro* quarum V

4-5 Cf. Franco, *Ars cantus mensurabilis,* GS III, 5b; CS I, 122a.

medium tempus perfectum non nisi sex minimas in se continet. [3] Et si ponantur quatuor pro illo tempore, duae debent esse minimae; si quinque, quatuor debent fieri minimae; si sex, omnes minimae et aequales. [4] Et si dividantur, per semiminimas dividentur, quarum quaelibet minima in duas dividitur semiminimas. [5] Unde, quando nos videmus quod plures quam sex non ponuntur pro tempore, sub tempore medio perfecto eas pronuntiare debemus. [6] Possumus tamen eas secundum maius tempus pronuntiare, licet plures quam sex non ponantur, et hoc quando non signantur. [7] Nam <si> signentur, proferri debent secundum quod sunt signatae.

[1] <Capitulum XXII>
De maiore tempore perfecto

V 20v

[2] Sciendum est quod continet in se tres semibreves, quarum quaelibet <valet> tres minimas, et sic maius tempus perfectum novem continet in se minimas, nec plures valere posset, nisi per semiminimas dividatur. [3] Unde, quando plures quam sex ponuntur semibreves, necessario oportet quod sit maius tempus perfectum, et sic maius tempus perfectum tria minima <pro tempore> in se continet.

[1] <Capitulum XXIII
De nominibus temporum imperfectum et> de minimo tempore imperfecto

V 20v

[2] Item sciendum est quod, sicut tempus perfectum est triplex, scilicet minimum, medium et maius, ut dictum est, sic tempus imperfectum est duplex, scilicet minimum et maius.

[3] Minimum tempus est illud quod continet in se duas semibreves, quarum quaelibet duas valet minimas, et sic minimum tempus imperfectum non nisi quatuor minimas valere debet, nisi per semiminimas dividatur.

[1] <Capitulum XXIV>
De tempore <maiore> imperfecto

V 20v

[2] Maius tempus imperfectum continet in se duas semibreves aequales, quarum quaelibet valet tres minimas, et sic tempus maius imperfectum sex

---

7 sicut *pro* si V

1 Capitulum XXII *om* V maiori *pro* maiore V **3** tempora *pro* pro tempore V

1 Capitulum XXIII .... et *om* V

1 Capitulum XXIV *om* V maiori *pro* maiore V

minimas in se continet. [3] Unde, quando nos videmus quod plures quam quatuor minimae ponuntur pro tempore imperfecto, secundum maius tempus imperfectum eas debemus pronuntiare. [4] Et sic apparet quod, sicut <tempus> perfectum in tres dividitur semibreves, sic in tres prolationis species, et tempus imperfectum in duas, scilicet minimum et maius, secundum quod in duas dividitur semibreves. [5] Et est notandum quod maius tempus imperfectum se habet sicut <medium> tempus perfectum.

Explicit Ars Nova Magistri Philippi de Vetri.

Deo gratias.
Amen. Amen. Amen.

---

4 tempus *om* V   **5** sicut maius *pro* sicut medium V

1 <Capitula XX-XXIV>

P 4v

2 Cum de figuratione temporum perfecti scilicet et imperfecti superius particulariter sit ostensum, et cum causa vetustatis aliquae sint dimissa, <de> figuratione seu prolatione <temporis> perfecti que temporis imperfecti tam in genere quam specie videamus. 3 Et primo <sciendum est> quod in musica mensurabili tempus est duplex, scilicet perfectum et imperfectum; sed subdividendo sciendum est quod figuratio temporis perfecti est triplex, videlicet maior, minor et minima. 4 Maior autem figuratio sive prolatio temporis perfecti <est illa> quae in tres aequales semibreves dividitur, quarum quaelibet earum in tres minimas dividi potest; tunc novem minimae pro isto tempore terminantur, ut in moteto *Qui dolereux.* 5 Minor vero est illa quae in tres aequales semibreves dividitur, et qualibet semibrevis in duas minimas: sic sex minimae pro praesenti tempore figurantur, ut in moteto *Imperatrix Anglica.* 6 Minima autem illa est quae in tres aequales semibreves dividitur, quarum ulla earum nunquam dividi potest, ut in moteto *O Maria affectu.*

7 Prolatio seu significatio temporis imperfecti duplex est, maior scilicet et minor. 8 Maior est illa quae in aequales duas semibrevibus dividitur, et quaelibet semibrevis in tres minimas: tunc sex minimae pro tempore enodantur, ut in moteto *Gratissima virginis species.* Et tunc posset aliquis dicere quia minor prolatio temporis perfecti et maior imperfecti essent eadem. 9 Responsio: verum est in valore, nam valoris aequalis est proportio, ut in proportione emyolia et proportione sesquialtera; non autem sunt eadem in divisione et prolatione. 10 Minor vero prolatio temporis imperfecti est illa quae in 2 aequales semibreves dividitur, et quaelibet earum semibrevium in duas minimas: et sic quatuor minimae pro tempore terminantur, ut in moteto *Qui aux promesses de Fortune se fie.*

---

1 Capitula XX-XXIV *om* P **2** aliqua *pro* aliquae P super *pro* de P prolatione duplicis *pro* prolatione temporis P **3** sciendum est *om* P **4** est illa *om* P

---

4 Qui dolereux *conservatur* Iv 36.

8 Gratissima virginis species *conservatur* Iv 13, CaB 11. *Editio moderna,* AfMW VIII, 250; Schrade, 76.

10 Qui aux promesses de Fortune se fie *a Guglielmo de Mascandio compositum est. Editio moderna,* MachM III, *motetus* 8.

PHILIPPE DE VITRY
ARS NOVA

Chapitre I
Les trois espèces de musique

Il y a trois espèces de musique: la musique de l'univers, celle de l'homme et la musique intrumentale. C'est de la musique instrumentale qu'il s'agit ici.

Est dite musique instrumentale toute musique obtenue sur des instruments tels que la cithare, la vièle ou le monocorde: c'est de lui seul qu'il est ici question.

Le monocorde est un instrument pourvu d'une seule corde, dont le jeu s'établit selon les trois genres diatonique, chromatique et enharmonique. Il s'agit ici du diatonique.

Chapitre II
Les treize intervalles de la musique

Est diatonique tout ce qui procède par série de deux tons et un demiton. Treize intervalles sont dans ce cas.

Le premier est, musicalement, l'unisson, qui réalise numériquement une unité, comme 1 par rapport à 1. Le second est, musicalement, l'octave qui, numériquement, représente le double, comme 2 par rapport à 1. Le troisième est, musicalement, la quinte, qui est, numériquement, sesquialtère, comme 3 par rapport à 2. Le quatrième est, musicalement, la quarte, qui est, numériquement, sesquitierce, comme 4 par rapport à 3. Le cinquième est le ton, qui est sesquioctave comme 9 par rapport à 8. Le sixième est la tierce mineure, dont l'expression numérique enferme 27 plus 5, comme le rapport 32 à 27. Le septième est la tierce majeure, dont l'expression numérique enferme 64 plus 17, comme le rapport 81 à 64. Le huitième est le demi-ton, dont l'expression numérique enferme 243 plus 13, comme le rapport 256 à 243. Le neuvième est la sixte mineure, dont l'expression numérique enferme 81 plus 47, comme le rapport 128 à 81. Le dixième est la sixte majeure, dont l'expression numérique enferme 32 plus 22, comme le rapport 54 à 32. Le onzième est la septième mineure, dont l'expression numérique enferme 9 plus 7, comme le rapport 16 à 9. Le douzième est la septième majeure, dont l'expression numérique enferme 256 plus 230, comme le rapport 486 à 256. Le treizième est le triton, dont l'expression numérique enferme 512 plus 217, comme le rapport 729 à 512.

Chapitre III
Toute inégalité procède de l'égalité

Toute inégalité procède de l'égalité, ce qui se voit si l'on prend trois unités, c'est-à-dire une série de termes égaux, et qu'on les dispose en un lieu donné. Suit cette règle que si l'on prend une quantité égale au premier terme et qu'on la pose en premier lieu, puis qu'on prenne une quantité égale au premier et au second, et qu'on la pose ensuite, puis qu'on prenne une quantité égale au premier, plus deux fois le second, plus une quantité égale au troisième, et qu'on la place en troisième position, on obtient alors la série des doubles, qui représente la première espèce des multiples. Et, en procédant ainsi, on obtient à partir de la série des doubles la série des triples, et ainsi de suite: rapports doubles 1, 2, 4; triples 1, 3, 9; quadruples 1, 4, 16; et ainsi, par paliers, de 1 jusqu'à la fin, toute inégalité procède de l'égalité. Voilà qui suffit en ce qui concerne les multiples [1].

Chapitre IV
Etude des rapports

D'un rapport du simple au double on tire, en inversant les termes, un nombre qui en contient un autre plus sa moitié. D'un rapport du simple au triple, on tire un nombre qui en contient un autre plus le tiers, et ainsi des autres espèces.

Rapports du simple au double, en ordre inverse	4	2	1
Rapport sesquialtère	4	6	9

D'un nombre qui en contient un autre plus sa moitié on tire, en inversant les termes, un nombre qui en contient un autre plus les deux tiers. De même, d'un nombre qui en contient un autre plus le tiers, on tire, en

[1] Ce passage reproduit, un peu moins clairement, Boèce, de Arith. I, 32 "Demonstratio quemadmodum omnis inaequalitas ab aequalitate processerit" et de Musica II, 7 "Omnem inaequalitatem ex aequalitate procedere ejusque demonstratio". Le schéma explicatif qui suit devrait, pour exprimer plus clairement le processus, être construit, selon Boèce même

1	1	1	(tres unitates in uno loco)
1	2	4	
1	3	9	
1	4	16	etc.

inversant les termes, un nombre qui en contient un autre plus les trois quarts, etc. . . .

Rapport sesquialtère en ordre inverse	9	6	4
Rapport superbipartiel	9	15	25

D'un nombre qui en contient un autre plus sa moitié, on tire un autre nombre, au multiple supérieur, qui est double et sesquialtère, sans inverser les termes, etc. . . .

Rapport sesquialtère	4	6	9
Rapport à la fois double et sesquialtère	4	10	25

D'un nombre qui en contient un autre plus les deux tiers, on tire un autre nombre, au multiple supérieur, sans inverser les termes, qui est double et superbipartiel.

Rapport superbipartiel	9	15	25
Rapport à la fois double et superbipartiel	9	24	64

Si on multiplie (les deux termes d') un rapport par le même nombre, on obtiendra toujours le même rapport.

Rapport sesquialtère	3	2
Le même rapport sesquialtère	6	4

Si l'on veut, à partir d'une proportion, en établir deux, on multiplie le premier terme par lui-même, le second par lui-même, puis le premier terme du rapport initial par le second, et l'on obtient le "moyen".

Rapport sesquialtère	9		4
Moyen		6	
Rapport sesquialtère	3		2

Si l'on veut trouver l'intervalle qu'il y a entre deux rapports, on écrit les rapports choisis de façon que le premier terme de l'un soit sous le premier terme de l'autre, le deuxième terme de l'un sous le deuxième terme de l'autre, puis l'on multiplie en croix, le premier terme de l'un, au-dessus, par le deuxième terme de l'autre, au-dessous; le second terme de l'un, au-dessus, par le premier terme de l'autre, au-dessous, et l'on obtient le résultat cherché.

Ton	9	8
Quinte	3	2
Quarte	4	3

Chapitre V

Les rapports musicaux sur le monocorde

Si la longueur d'une corde se trouve réduite, le son qu'elle rend devient plus aigu, ou encore s'élève, et il faut savoir que toute moitié de corde donne un son identique mais à l'octave du son fondamental de la corde entière. Il y a deux principes à observer: à un son semblable répond un signe semblable; à des sons différents, des signes différents. Il faut également savoir que deux quartes et un ton, ou une quarte et une quinte font une octave; qu'une tierce majeure plus un demi-ton font une quarte.

Ainsi, pour réaliser sur une corde donnée toutes les espèces de rapports musicaux selon le genre diatonique, il faut d'abord poser un ton, puis un autre ton, ensuite un demi-ton, de Γ à G 8, que l'on appelle fin de la première succession diatonique, du fait de la confusion des états; puis, de G 8 à g 15, en procédant de la même manière; ensuite de g 15 jusqu'à 20 et au-delà si le registre est plus étendu, mais ce n'est pas dans nos habitudes [2]. Pour que la chose soit plus nette, voir la figure.

t t s t t s t t s s t t s t t s s t t
ab-♮ c d e
Γ A B C D E F G ab-♮ c d e f g ab-♮ c d e
t' t'

[2] Le texte du Vaticanus et celui du ms Paris, BN 18514 sont ici très proches, et l'on pourrait, en faisant figurer entre crochets les leçons propres au 18514, établir le texte suivant:

"primo ponendus est tonus, deinde alius tonus, et postea semitonium, <etc....> usque ad 12 d <sequens>, quod finis dicitur <primi ordinis diatonici generis> propter confusionem differentiarum; deinde ab <octavo> G usque ad 12 d <sequens, et ita finis est secundi ordinis propter rationem supradictam>; deinde <incipiendo tertium ordinem diatonici generis> a <15> g usque ad 20 (19 dans le 18514) et ultra si possibilitas sit in voce."

"Il faut d'abord poser un ton, puis un autre ton, ensuite un demi-ton, etc.... jusqu'au d 12 qui suit, et que l'on appelle fin de la première succession diatonique, les états se trouvant confondus; puis de G 8 jusqu'au d 12 qui suit, et c'est la fin de la seconde succession diatonique, pour la même raison que plus haut; ensuite commence la troisième succession diatonique, de g 15 jusqu'à (ee) 20 et au-delà si le registre est plus étendu."

Il est certain que le texte du Vaticanus est ici très altéré, beaucoup plus que celui du ms BN 18514. Il se peut aussi que le texte du 18514 soit lui-même fautif. Mais peut-être convient-il de ne pas rejeter a priori une conception selon laquelle chaque succession diatonique serait constituée de douze signes, au lieu de correspondre à notre gamme moderne.

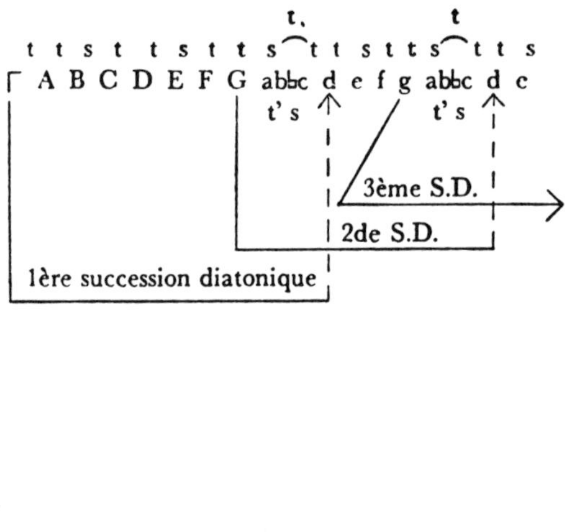

Chapitre VI

Détermination (des rapports) sur le monocorde [3]

Voyons maintenant comment on détermine ces rapports musicaux sur le monocorde.

Soit une corde qui, prise dans toute sa longueur, donne Γ: sa moitié G et la moitié de sa moitié g. Aux trois quarts de Γ se place C dont la moitié sera c et la moitié de sa moitié $\overset{c}{c}$. Aux trois quarts de C se place F dont la moitié sera f, la moitié de f donnant $\overset{f}{f}$. Les deux-tiers de Γ donnent D dont la moitié sera d, la moitié de d donnant $\overset{d}{d}$. Si on divise D par trois, et qu'on porte ce tiers vers Γ, on obtient A, dont la moitié donne a, et la moitié de la moitié $\overset{a}{a}$. Les deux tiers de A donnent E, dont la moitié donne e et la moitié de sa moitié $\overset{e}{e}$. Si l'on divise E par trois, et qu'on porte ce tiers vers Γ on obtient B, dont la moitié est ♮, et la moitié de sa moitié $\overset{\natural}{\natural}$. Les trois quarts de F donnent b, dont la moitié donne $\overset{b}{b}$, et la moitié de la moitié $\overset{b}{\overset{b}{b}}$.

Ceux de ces signes qui vont de Γ à G sont dits graves parce qu'ils traduisent une sonorité grave, ou très basse, et sept, aigus, parce qu'ils traduisent une sonorité aiguë. Quant aux derniers, ils sont dits suraigus parce qu'ils se placent au-dessus des aigus, ou parce qu'ils traduisent un son suraigu, c'est-à-dire très aigu.

On peut former de ces sept signes du monocorde, G, A, B, C, D, E, F, une série indéfinie. D'autre part, selon notre usage, il y a six noms de notes, soit ut, ré, mi, fa, sol, la, que l'on dispose au-dessus des signes énumérés précédemment, de sorte qu'à G, C, F, réponde un ut, et aux signes suivants, les notes suivantes. Voilà en quoi consiste la "compositio" de la gamme. La gamme n'est donc rien d'autre que la corrélation établie entre les signes du monocorde et les notes; ceci apparaîtra plus clairement dans la figure suivante.

[3] Voyez annexe.

e							
e							la
d							
d						la	sol
c							
c						sol	fá
b							
b						fa ♭	mi
a							
a					la	mi	ré
g					sol	ré	ut
f					fa	ut	
e				la	mi		
d			la	sol	ré		
c			sol	fa	ut		
b			fa ♭	mi			
a		la	mi	ré			
G		sol	ré	ut			
F		fa	ut				
E	la	mi					
D	sol	ré					
C	fa	ut					
B	mi						
A	ré						
Γ	ut						

Chapitre VII
Les différentes parties de la musique

Il y a quatre parties principales dans l'étude de la musique ou de la gamme. La première traite des signes et des noms des notes; la seconde des lignes et des interlignes; la troisième des propriétés; la quatrième des mutations.

Chapitre VIII
Lignes et interlignes

Il a été question des signes et des noms des notes. Nous allons traiter maintenant des lignes et interlignes.

La ligne et l'interligne, au sens où on les entend ici, correspondent au pair et à l'impair. Tout ce qui est sur une ligne est dit impair; ce qui est dans l'interligne est dit pair. Il s'ensuit que tout signe qui répond à un nombre impair est sur une ligne, et tout signe qui répond à un nombre pair dans un interligne. Ainsi, selon l'ordre naturel des nombres, si le premier signe se trouve sur une ligne, le suivant sera dans un interligne, et, vice versa. Au-delà s'opposent au premier tout quatrième et huitième signes, mais, en huitième position, se retrouve un signe semblable. Donc, si le premier se trouve sur une ligne, le suivant sera dans un interligne, et vice versa. Ce système se trouve représenté, conformément à la quadrature, c'est-à-dire aux lignes tracées dans la "manus", entre la quatrième et la première lignes.

Chapitre IX
Les "propriétés" musicales

La propriété n'est autre chose qu'un caractère spécifique. Il y en a trois sortes: (l'état) bécarre, (l'état) naturel et (l'état) bémol. B carré se place un ton au-dessus de A, a et $\overset{a}{a}$; et b mol se place un demi-ton au-dessus de a et $\overset{a}{a}$.

La mélodie qui n'a pas besoin de B, c'est-à-dire qui n'implique aucun son mobile, est dite naturelle.

Règle: Tout ut en G est en état bécarre, ainsi que les notes suivantes de l'hexacorde; tout ut en C est en état naturel; tout ut en F est en état bémol. D'où les vers

C naturam dat, F b molle tibi signat,
G quoque ♮durum te semper habes caniturum.

C indique l'état naturel, F l'état b mol; G, quant à lui, invite à chanter en ♮dur. Et en voilà assez sur les propriétés musicales.

Chapitre X
Les mutations

Une mutation n'est autre chose que l'abandon d'un nom de note au profit d'un autre, le son et le signe demeurant les mêmes. Il s'ensuit que, partout où se fait une mutation, il faut qu'il y ait au moins deux notes. Or, en gamma ut, A ré, B mi et $\overset{e}{e}$ la, il n'y a qu'un nom de note. Il n'y a donc pas de mutation. Il n'y en a pas non plus en b fa ♮ mi, parce qu'il y a là des signes différents, et des notes différentes; et, parce qu'elles ne se placent pas sous les mêmes signes, elles ne répondent pas non plus à la même sonorité: ainsi ne peut-il y avoir de mutation, car cela irait contre la définition. Si en effet elles répondaient à la même sonorité, on devrait dire b fa mi.

Et, pour que tout le monde comprenne plus aisément, qu'on regarde sur le monocorde.

Là où il y a deux notes, il y a deux mutations, comme en F fa ut, où l'on dit fa ut, ut fa. Autrement, là où il y a trois notes, il y a six mutations, comme en G sol ré ut et ailleurs, puisque, là où il y a deux notes, la première se change en la seconde et vice versa, et que là où il y en a trois la première se change en la seconde et vice versa; en la dernière et vice versa; la seconde en la dernière et vice versa. Ainsi, là où il y a deux (notes), elles ne se dédoublent pas en quatre (mutations), comme trois (notes) se dédoublent en six (mutations).

Règle: Toute mutation qui s'achève sur ut ré mi est dite ascendante, parce qu'elle permet de monter plus que de descendre; et toute mutation qui s'achève sur fa sol la est dite descendante parce qu'elle permet de descendre plus que de monter. On procède à une mutation, pour monter ou pour descendre, ainsi qu'on le voit en C fa ut, puisque, si l'on y mettait fa, on pourrait monter jusqu'à la troisième note; mais, si l'on voulait porter une quatrième note, il faudrait mettre ut en C fa ut, ce qui constitue une mutation de fa en ut; et, en descendant, on peut appliquer le même principe, à son gré. Ces indications sont suffisantes.

Chapitre XI
Définition de la musique

Sachez que la musique est la science du chant juste, c'est-à-dire le moyen facile de parvenir à chanter parfaitement. Etymologiquement, moys, c'est-à-dire eau, et ycos, c'est-à-dire science, parce qu'elle a été découverte au bord des eaux. Elle connaît treize intervalles: l'unisson, le ton, le demi-ton, etc. . . .

Chapitre XII
L'unisson

Est unisson tout ce qui se trouve sur une même ligne de chant ou dans un même intervalle, et ceci en tout endroit de la gamme, c'est-à-dire quel que soit le signe ou la note de la gamme. Etymologiquement, un et son, l'unisson offrant un seul et même son, selon sa figuration et sa sonorité propres.

D'une façon différente, est dit unisson le son rendu par une seule note dont on ne s'écarte pas; il sera toujours en effet sur une même ligne ou dans un même interligne. Mais si on s'écarte d'une note donnée en touchant la voisine, on réalise alors tantôt un ton, tantôt un demi-ton. Il faut savoir toutefois que l'unisson ne constitue pas par lui-même une consonance, mais est le principe des autres consonances, et, sans l'unisson, il ne saurait y avoir de consonance.

Qu'est-ce que l'unisson? C'est la note sur laquelle on attaque le chant; cette note ni ne monte, ni ne descend, et elle peut, au gré du chanteur, être placée soit dans un registre élevé, soit dans un registre grave, et on la fixe dans la clé qui conviendra le mieux.

Chapitre XIII
Le demi-ton

Le demi-ton est, entre deux unissons, un espace que, conformément aux possibilités de la voix humaine, il n'est ni loisible ni possible de diviser; autrement dit, qui ne souffre pas de son intermédiaire. Il se trouve entre ♮ carré et c, ou encore entre e et f, ou encore a et b rond sans qu'il y ait place entre ces signes pour une autre note, naturellement une fois établie la suite naturelle des notes, puisque, entre f et e il y a une septième majeure. Mais si, parmi les noms de notes, on considère mi fa, il y a entre eux la même distance qu'entre les signes corrélatifs, cela va sans dire. "Semitonium" ne vient pas (en effet) de "semis", c'est-à-dire moitié, comme le pensent certains, puisqu'il vaut moins que la moitié d'un ton, comme cela se voit sur l'échelle du monocorde, mais de "semus-ma-mum", c'est-à-dire imparfait, comme s'il s'agissait d'un son imparfait.

Le demi-ton, comme le dit Bernard, est l'adoucissement et l'agrément de la mélodie tout entière, et sans lui elle serait gâtée, elle perdrait son caractère, il n'en resterait rien.

Boèce, de son côté, indique, en traitant de la question, la valeur du demi-ton.

Chapitre XIV
La musique fausse

Il arrive en effet parfois que, par musique "fausse", nous faisons un demi-ton là où il ne doit point y en avoir; en musique mesurée, nous voyons en effet que le ténor d'un motet ou d'un rondeau se trouve sur b fa ♮ mi, dans l'état ♮ dur: alors il faut que le déchant qu'il admet à la quinte supérieure dise mi sur f aigu, et ceci par musique fausse. En effet, une quinte mi fa ne constitue pas une bonne concordance parce que, du ♮ carré à f aigu, il y a deux tons et deux demi-tons, dont le groupement ne correspond pas à une consonance: or il faut, là où il y a une quinte entre une note et une autre, qu'il y ait une bonne et vraie consonance.

De là par conséquent naît évidemment la question de savoir quelle nécessité il y a d'introduire dans la musique régulière la musique fausse ou fausse mutation, alors que ce qui est régulier ne doit rien admettre qui soit faux, mais vrai bien plutôt. A quoi il faut répondre que la fausse mutation, ou musique fausse, loin d'être inutile, est nécessaire pour obtenir une bonne consonance, et en éviter une mauvaise. Comme il a été dit en effet, si on veut avoir une quinte, il faut nécessairement avoir trois tons et un demiton, et si une figure (de note) est sur b fa ♮ mi en ♮ carré, et qu'une autre soit sur f fa ut aigu, état naturel, il n'y a pas consonance, parce qu'il n'y a pas là trois tons et un demi-ton, mais seulement deux tons et deux demi-tons. Toutefois, on peut ici même réaliser la consonance, ce qu'on nomme "par musique fausse", c'est-à-dire quand on fait un ton d'un demi-ton et vice versa: en fait, il ne s'agit pas de musique fausse, mais irrégulière [4].

On notera que b fa ♮ mi ne relève pas du même principe que les autres clés. On le reconnaît grâce à un ♮ carré ou à un b rond qu'on place en un lieu inusité, en sorte qu'on dise, avec un ♮ carré, mi dur en f aigu, ou, si l'on met un b rond sur b fa ♮ mi (ou telles autres clés semblables), qu'on détermine un intervalle égal à un ton: alors il y a un intervalle de quinte. Ainsi la musique fausse est maintes fois nécessaire, afin que toute consonance ou mélodie, grâce à l'un ou l'autre signe, soit rendue parfaite.

Selon ce qui a été dit il faut donc savoir qu'il y a deux signes de musique fausse: le b rond et cette autre figure: ♮ carré; ils ont la propriété suivante: b rond fera d'un demi-ton un ton, en descendant, et d'un ton un demi-ton, en montant; le contraire se produit avec cette autre figure ♮: d'un ton, en descendant, on fera un demi-ton, et d'un demi-ton, en montant, on fera un ton. Cependant, là où ces signes se justifient, ils sont, comme il a été dit plus haut, non pas faux, mais justes et nécessaires, car, sans eux, aucun motet ou rondeau ne peut se chanter. Ainsi donc ils sont justes, puisque, si quelque chose est faux, cela entraîne que ce n'est point juste; or ce qui nous occupe n'est point faux. Donc....

(en marge du ms) *Note sur la tierce mineure* [5]:

Il semble qu'elle doive plutôt contenir deux tons et demi qu'un ton et demi, parce que le diton, de soi, contient deux tons. Si donc on en ajoute un demi, il semble qu'il y ait ici deux tons et demi (ou demi-ton). Il faut répondre en invoquant cette règle: quand, dans l'arrangement des nombres, le plus petit précède le plus grand, comme dans XIV — I devant V — il faut ôter une unité du plus grand. De même pour le semiditon.

[4] La musica falsa, ou ficta, est en fait de règle dans l'Ars Nova, mais elle constitue une dérogation à la succession diatonique. C'est ainsi qu'il convient d'entendre l'adjectif "irrégulière" (latin = inusitata).

[5] Cette note, telle qu'elle figure dans le ms, est incompréhensible. On devrait traduire en effet: "Il semble qu'elle doive plutôt contenir deux tons et demi qu'un ton et demi, parce que le diton, de soi, contient deux tons. Si donc on en ajoute un, il semble que cela fasse deux tons et demi (ou demi-ton). Il faut répondre en invoquant cette règle: quand, dans l'arrangement des nombres, le plus petit précède le plus grand, comme 14 — 1 devant 4 — il faut ôter une unité du plus petit. De même pour le semiditon".

Nous rappellerons toutefois qu'il arrive à notre copiste d'écrire sans comprendre. Nous n'en sommes que plus à notre aise pour faire la remarque suivante, due aux suggestions éclairées de M. Guy Baujouan: quand on écrit les nombres en chiffres romains, on se trouve amené parfois, pour les interpréter correctement, à retrancher d'un chiffre le chiffre précédent, comme dans les groupes IV et IX. On peut supposer

Chapitre XV

Les notes et leur valeur

Six minimes peuvent constituer un temps imparfait. A noter que, pour un temps imparfait, quand il y a deux semi-brèves sans queues, les deux ont la même valeur, et chacune vaut trois minimes. Ex.:

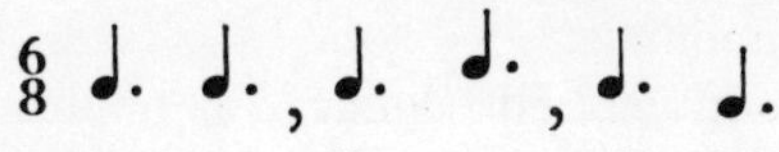

Quand il y en a trois, la première vaut trois minimes, la seconde deux, la troisième une seule. Ex.:

Quand il y en a quatre, la première est une mineure, la seconde une minime, la troisième une mineure, la quatrième une minime. Ex.:

Quand il y en a cinq, les trois premières sont des minimes, la quatrième une mineure, la cinquième une minime. Ex.:

Quand il y en a six, elles sont toutes égales et valent une minime. Ex.:

C'est ainsi que doivent être comptées toutes les semi-brèves en temps parfait ou imparfait, quand elles n'ont pas de queues. Si elles en possèdent, elles doivent en effet être comptées en conséquence. A noter qu'il ne peut y en avoir plus de six pour un temps imparfait, à moins que dans ce cas elles ne soient semiminimes. Ex.:

Selon certains, les valeurs de ces semi-brèves reçoivent une dénomination propre. La semi-brève qui vaut six minimes s'appelle majeure; la

que le Maître aura, dans son exposé oral, cité en exemple le nombre XIV, entendu en chiffres romains, et que l'élève, sans comprendre où le maître voulait en venir, l'aura noté 14, en chiffres arabes. Le maître aura rappelé ensuite que, dans ce cas, il fallait retrancher l'unité — représentée par le petit nombre — du grand nombre qui suivait; mais, tandis qu'il songeait au V romain, l'élève écrivait "1 ante 4", ce qui représente sans doute un petit nombre suivi d'un plus grand, mais ne peut servir d'exemple pour la règle évoquée. Par ailleurs, "adjuncto uno" ne s'explique guère. Nous lisons plus volontiers "adjuncto dimidio".

On notera l'intérêt que présente l'utilisation des chiffres arabes dans notre ms.

semi-brève qui en vaut cinq ou quatre s'appelle semi-majeure, de "semus-a-um", c'est-à-dire imparfait. Celle qui vaut trois minimes s'appelle normale, bien que toutes les figures en losange, au sens large du mot, c'est-à-dire quand il s'agit des semi-brèves, portent le nom de semi-brèves. Celle qui vaut deux minimes s'appelle mineure, comme il a été dit plus haut. Celle qui n'en vaut qu'une s'appelle minime. Celle qui vaut la moitié d'une minime s'appelle semiminime.

D'autres noms pourraient être donnés à la minime et a la semiminime, à l'interieur du "gradus" [6] où se rencontre la minime: on appellera alors la minime semimineure, et la semiminime minime.

Selon les modernes, de même qu'une minime peut être diminuée, de même elle peut être augmentée. Ainsi, quand deux minimes se trouvent entre deux semi-brèves ou deux brèves la seconde minime en vaut deux, et s'appellera "minima altera", du moins dans un "degré" ternaire; de même quand deux semi-brèves se trouvent entre deux brèves, en mode ternaire (ou parfait), la seconde semi-brève se dénommera "altera" et vaudra six minimes comme il a été dit plus haut.

Chapitre XVI

Les signes des temps parfaits et imparfaits

Une fois traitée la question des brèves et des semi-brèves, des minimes et des semi-minimes, et de leur valeur, il faut parler des signes des temps parfaits et imparfaits. Ainsi pour indiquer un temps parfait, on met un petit cercle rond parce que la forme ronde est parfaite; il arrive aussi, selon certains, qu'on mette trois petits traits obliques [7]: cela revient au même. Ex.:

Pour faire comprendre que toute semi-brève se divise en trois parties égales en un passage ternaire, il faut dire que partout où se trouve un tel cercle, ou trois traits sans point de division, cela signifie perfection, c'est-à-dire que le temps, quant à lui, est parfait, puisque essentiellement divisible en trois parties égales.

Qu'il soit parfait se prouve ainsi. Est parfait ce qui a un commencement, un milieu et une fin. Or le temps parfait présente ce caractère. Donc . . . . etc.

[6] Cf. p. 65, lines 49-50 & note 49.

[7] Il y a désaccord dans le ms entre cette indication et la représentation correspondante. Les traits obliques sont en effet fréquemment utilisés par les théoriciens.

Inversement, est imparfait ce qui ne possède point ces éléments, ou est privé de l'un d'entre eux. Or le temps imparfait présente ce caractère. Donc . . . . La majeure est évidente. La mineure s'explique: en effet, le temps imparfait ne se divise qu'en deux parties, et manque ainsi d'un des éléments (qui font la perfection). On se servira, pour signaler l'imperfection, d'un demi-cercle, ou de deux petits traits.

Chapitre XVII

Les changements de mode et de temps parfaits et imparfaits

Après avoir fait une étude complète des signes qui indiquent les changements de temps, il nous faut, pour qu'on n'ait rien à y ajouter, dire que chez les musiciens modernes le changement se fait à la fois en mode et en temps. Il y a des textes musicaux parfaits en mode et temps; d'autres imparfaits; d'autres sont parfaits en mode, non en temps; d'autres inversement; d'autres présentent des passages parfaits à la fois en mode et en temps, d'autres des passages imparfaits. Et, afin de connaître de façon précise la façon dont varient temps et mode, nous convenons de signes déterminés pour le temps parfait et le temps imparfait. Mais parlons d'abord des différentes modifications des textes musicaux.

Le mode s'appelle parfait quand il admet trois temps — parfaits ou imparfaits — qui constituent une perfection. Mais il s'appelle imparfait quand il en admet deux. En mode parfait, une longue devant une longue vaut toujours trois temps, à moins qu'elle ne soit rendue imparfaite par une brève isolée, avant ou après. La double longue vaut six temps. Mais en mode imparfait, une longue simple vaut deux temps. Elle n'en vaut jamais trois, à moins qu'on n'y ajoute un point de division. La double longue, quant à elle, en vaut quatre, et ne peut être augmentée; elle ne peut d'autre part être diminuée que par une ou deux minimes. Ex.:

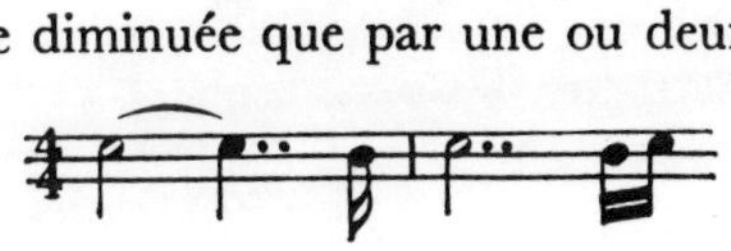

En mode parfait, comme on l'a vu, la double longue est rendue imparfaite de deux façons: ou par une brève seule, et alors elle ne vaut que cinq temps; ou par deux, et elle n'en vaut que quatre. Elle pourrait l'être aussi par des minimes, comme la double longue imparfaite. De plus, en mode parfait, la seconde de deux brèves placées entre deux longues devient "altera", comme on l'a vu dans l'ancienne méthode. Mais en mode imparfait, aucune ne peut ni ne doit le devenir.

En mode parfait, les pauses sont "entières", c'est-à-dire en une seule figure, mais non en mode imparfait. En mode parfait on ne doit pas faire de grandes pauses de deux temps en une seule figure. Ainsi, toutes les fois que l'on rencontre des pauses de trois temps en une seule figure, le mode est parfait, comme dans ORBIS ORBATUS. Chaque fois que se rencontrent deux ou plusieurs pauses successives, dont chacune vaut deux temps, le mode est imparfait, comme dans le motet ADESTO SANCTA TRINITAS.

Mode et temps parfaits se rencontrent ensemble dans le motet qui s'appelle DEUS JUDEX FORTIS [8]. Le mode est parfait parce qu'il admet toujours trois temps pour constituer une perfection. Le temps est parfait parce que chaque temps se divise en trois semi-brèves égales. Mais le mode est imparfait et le temps imparfait dans le motet ADESTO. Le mode est imparfait puisque deux temps y sont reçus (pour une perfection); le temps est imparfait puisque chaque temps ne se divise qu'en deux semibrèves égales.

Il y a mode parfait en temps imparfait dans BONA CONDIT. On a vu plus haut ce qui fait le mode parfait et le temps imparfait. Le temps est parfait et le mode imparfait dans MISERA PER LICONIA [9]. Le temps est tantôt parfait, tantôt imparfait, et le mode de même dans le motet GARISON SELON NATURE. Et voilà qui suffit en ce qui concerne la division du temps et du mode.

[8] Le Ms B.N. lat. 14.741 (Cf. sup.) donne seulement *Deus Judex.* Nous ne possédons pas d'autres indications sur ce motet. Notons seulement qu'un des versets du Psaume VII commence par *Deus judex justus et fortis et patiens.* L'Abbé Ulysse Chevalier signale dans son "Repertorium hymnologicum" le motet *Deus judex justus* avec la référence Paris B.N. lat. 1121 f° 198 a.

[9] Ici, le Ms 14741 est muet. Coussemaker a édité "Misera": cependant la copie du Ms établie pour le Père Martini était correcte — Misera pliconia —. Bien que ce groupe soit inexplicable, la leçon "pliconia" invite à penser qu'il s'agit du motet "Mariae praeconio devotio". On trouvera précisément mention de ce motet dans le Ms Paris, B.N. lat. 11.266 f° 33 r° (Couss.; Script. I, 279) dont plusieurs passages sont fort proches de notre texte. Au f° 37 r° du même Ms, le même texte musical est repris et se poursuit au verso:

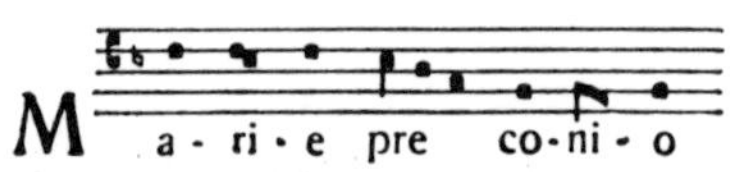

Ce motet est signalé par Elie Salomon (Scientia Artis Musicae, 1274, Gerb. Script. III, 61 b): "Qui voluerit experiri erroneum cantorem, et etiam quasi eminentem, inducat eum ad cantandum prosam, quam edidit Dominus Clemens, Mariae praeconio". Cf. aussi Ms de Montpellier Bibl. de l'Ecole de Médecine H 196, f° 319 v et Y. Rokseth, *Les Polyphonies du XIIIème siècle* III, Paris 1936, p. 149, no. 283, ainsi que A. Gilles et J. Maillard, "Note sur trois motets fantômes de l'Ars Nova de Philippe de Vitry", *Revue de Musicologie* XXXIX (1957), p. 147.

Chapitre XVIII

Les signes des modes et temps parfaits et imparfaits

Pour indiquer le mode parfait, on porte, selon certains, un petit carré qui contient trois petits traits élongés. Ex.:

Pour indiquer le mode imparfait, on porte un petit carré qui contient deux petits traits élongés. Ex.:

Pour indiquer simultanément mode et temps parfaits, on portera un cercle contenant trois traits, le cercle pour indiquer le temps parfait, les traits le mode. Ex.:

Pour indiquer mode et temps imparfaits, on portera un demi-cercle contenant deux traits. Ex.:

Mais pour modifier le mode seul sans le temps, nous y attribuerons le signe qui lui est spécifique, c'est-à-dire le petit carré.

Chapitre XIX

Les notes rouges

Voyons rapidement, du moins pour ne pas sembler méconnaître ce point, pourquoi on utilise des notes rouges dans les motets. Il faut dire qu'il y a à cela deux raisons principales: ou bien les rouges se chantent dans une autre mesure que les noires, comme dans THOMA TIBI OBSEQUA: c'est pourquoi, au ténor de ce motet, les rouges se chantent par temps parfaits en mode imparfait, les noires inversement. On utilise aussi parfois des rouges parce qu'elles passent sous un mode différent, comme dans le motet IN ARBORIS EMPIRO: au ténor de ce motet, les rouges indiquent qu'il faut admettre trois temps pour constituer une perfection, mais les noires deux; ou bien on utilise des rouges ici et là, dans des ballades, des rondeaux et des motets parce qu'elles se regroupent pour pouvoir entrer en compte avec d'autres perfections, comme dans PLURES ERRORES [10].

D'une seconde manière on utilise les notes rouges parce que les endroits où elles se trouvent se chantent en réalité à l'octave, comme dans GRATIA MISERI et dans le motet qui s'intitule QUANT AMORS. Au ténor de ces motets, toutes les notes rouges se chantent à l'octave.

Parfois les notes rouges s'utilisent pour indiquer un changement dans le chant naturel, c'est-à-dire le chant simple, le plain-chant, parce que tout se passe comme si l'on n'était pas dans le plain-chant, c'est-à-dire dans le chant naturel, comme dans CLAERBURG. Parfois les notes rouges sont utilisées par endroits pour ôter à une longue placée devant une longue sa valeur de trois temps, ou pour que la seconde de deux brèves placées entre deux longues ne soit nulle part rendue "altera", comme dans le ténor de IN NOVA FERT ANIMUS. On les utilise aussi pour donner à une longue devant une longue la valeur de trois temps, à une brève devant une brève la valeur de trois semi-brèves, comme dans IN ARBORIS.

On utilise aussi parfois des notes rouges parce que mode et temps varient, comme dans le ténor de GARISON: dans le ténor de ce motet, les noires longues valent en effet trois temps parfaits, et les rouges, deux temps imparfaits; parfois c'est l'inverse, comme dans le ténor du motet qui s'intitule PLURES ERRORES SUNT.

Chapitre XX
Les dénominations des temps parfaits
Le petit temps parfait

Comment temps et prolation se divisent en six ou neuf minimes, nous en avons traité plus haut, là où il convenait. Pour ne pas donner l'impression que nous n'avons pas fait une étude sérieuse de la division des temps, nous voulons en traiter plus rigoureusement.

Le temps parfait offre trois aspects: il y a le petit temps parfait, le temps parfait moyen, le grand temps parfait. Francon a utilisé le petit temps parfait. Selon Maître Francon, et comme il a été vu plus haut, le petit temps parfait ne contient que trois semi-brèves qui sont si réduites qu'elles ne peuvent pas être divisées en valeurs plus grandes que des semi-minimes. A noter que, quand on rencontre un texte musical en temps parfait où il n'y a que trois semi-brèves pour un temps, elles doivent être

[10] Encore qu'elle ne soit pas nommée, c'est ici de la syncope qu'il s'agit. Cf. 7378 A f° 62 r° G, l. 59-63 "Inveniuntur aliquotiens unice semibreves, breves aut longas sequentes, que tamen eas nec augent nec minuunt, sed potius ad invicem reducuntur. Dicendum quod ponuntur ille ut per eas recta mensura syncopetur, et secundum aliquos deberent fieri rubee", et Muris, *Ars Discantus*, in Couss. Script. III, 106.

comptées selon le petit temps parfait; (s'il y en a quatre, les deux premières sont des semiminimes, sauf indication contraire).

Ajoutons que quand deux semi-brèves représentent ce petit temps parfait, la première doit être majeure, et jamais la seconde, sauf indication particulière, bien que, dans l'esprit de l'ancienne méthode, nous ayons prouvé que la seconde devait être majeure. La raison en est que ces semi-brèves se comptent en petit temps parfait comme trois minimes en grand temps parfait. En effet, quand deux semi-brèves sont mises pour trois minimes, la première vaut deux minimes, la seconde n'en vaut qu'une, sauf indication contraire, comme on l'a vu plus haut.

Chapitre XXI
Le temps parfait moyen

Le temps parfait moyen contient trois semi-brèves de valeur égale, dont chacune vaut deux minimes ou l'équivalent; et le temps parfait moyen ne contient que six minimes; si on met quatre (semi-brèves), deux doivent être des minimes; si on en met cinq, quatre doivent devenir minimes; si on en met six, toutes seront des minimes et auront même valeur. Et si on les divise, on les divisera en semiminimes, chaque minime se divisant en deux semiminimes. Quand donc on voit qu'on ne met pas plus de six semi-brèves par temps, on doit les compter selon le temps parfait moyen. On peut toutefois les compter selon le grand temps, bien qu'il n'y en ait pas plus de six, ceci quand elles sont dépourvues de queues. Si elles portent de ces signes, il convient en effet d'en tenir compte dans la détermination de leur valeur.

Chapitre XXII
Le grand temps parfait

Il contient trois semi-brèves dont chacune vaut trois minimes, et ainsi le grand temps parfait contient neuf minimes et n'en pourrait valoir plus, sauf à être divisé en semiminimes. Quand donc on met plus de six semi-brèves, il faut nécessairement qu'il y ait grand temps parfait, et ainsi le grand temps parfait contient trois minimes pour un temps.

Chapitre XXIII
Les dénominations des temps imparfaits
Le petit temps imparfait

Il faut savoir que, comme le temps parfait est triple, soit petit, moyen et grand, ainsi qu'il a été dit, de même le temps imparfait offre deux aspects: le petit temps imparfait et le grand. Le petit temps contient deux semi-brèves dont chacune vaut deux minimes, et ainsi le petit temps imparfait ne doit valoir que quatre minimes, sauf à être divisé en semi-minimes.

Chapitre XXIV
Le grand temps imparfait

Le grand temps imparfait contient deux semi-brèves de valeur égale, dont chacune vaut trois minimes; ainsi le grand temps imparfait contient-il six minimes. Quand donc on voit qu'on met plus de quatre minimes pour un temps imparfait, il faut les compter selon le grand temps imparfait.

On voit ainsi que si le temps parfait offre trois espèces de prolations, comme il se divise en trois semi-brèves, le temps imparfait lui aussi offre deux espèces de prolations, la petite et la grande, comme il se divise en deux semi-brèves.

A noter que le grand temps imparfait se comporte comme le temps parfait moyen [11].

Fin de l'ARS NOVA de Philippe de Vitry [12].

Deo gratias. Amen.

[11] Le Vaticanus parle ici du grand temps parfait: "maius tempus perfectum". On pourrait a la rigueur comprendre, ce qui n'est pas indiqué plus haut, que les minimes, comme dans le grand temps imparfait, se divisent en deux semiminimes. Toutefois, comme la minime ne se divise jamais qu'en deux semiminimes dans le système qui nous est ici proposé, on comprend mal une telle remarque. Il est beaucoup plus intéressant de constater que, dans le temps parfait moyen, comme dans le grand temps imparfait, le temps, représenté par trois semibrèves imparfaites ou deux semibrèves parfaites, a la même valeur, soit six minimes. Le ms Paris, BN 14741 vérifie cette hypothèse: "On pourrait dire que la prolation (division de la semibrève en minimes) mineure du temps parfait et la prolation majeure du temps imparfait sont identiques. Réponse: c'est vrai si l'on considère la division (division de la brève en semibrèves) et la prolation".

Soit dit aussi que le ms 14741 développe les chapitres "Dénominations des temps parfaits et imparfaits" en proposant pour chacun d'eux un exemple de motet:

Nature du temps:	*Titre du motet:*
Grand temps parfait	*Qui doloreux*
Temps parfait moyen	*Imperatrix anglica*
Petit temps parfait	*O Maria affectu*
Grand temps imparfait	*Gratissima virginis species*
Petit temps imparfait	*Qui aux promesses de Fortune se fie*

[12] Cf. aussi A. Gilles, "Contribution à un inventaire analytique des manuscrits intéressants l'Ars Nova de Philippe de Vitry", *Revue Belge de Musicologie* X (1956), 149-154.

Annexe
Division du monocorde

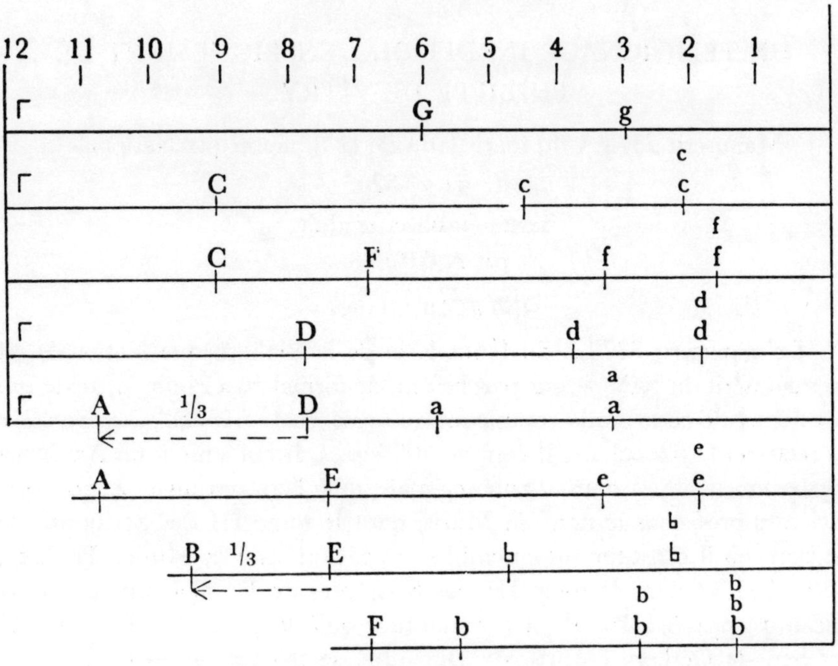

Tableau établi selon les données du chapitre "De operatione monochordi". Ce tableau rejoint celui de la p. 5, y compris b mol, qui n'apparaît qu'à partir des "acutae", le premier hexacorde étant par bécarre et tout entier dans les "graves".

UN TEMOIGNAGE INEDIT DE L'ENSEIGNEMENT DE PHILIPPE DE VITRY

Manuscrit 7378 A du fonds latin de la Bibliothèque Nationale
ff° 61 v°-62 r°
Texte établi et traduit

par A. GILLES

INTRODUCTION

Le manuscrit 7378 A du fonds latin de la Bibliothèque Nationale est un manuscrit du XIV° s., sur parchemin, de format 16 x 21cm. Le texte qui fait l'objet de cette étude commence au verso du f° 61, col. g., et s'achève au recto du f° 62, col. dr. Il compte 203 lignes. Il fait suite à un Ars Nova apparemment sans nom d'auteur, mais que l'on retrouve, à quelques variantes près, sous le nom de Muris, dans le tome III des Scriptores de Gerbert, où il constitue un ensemble de conclusions à la Musica Practica, p. 296-301, et dans le tome III des Scriptores de De Coussemaker (Ars discantus, p. 109-113). Il est à remarquer qu'à la page 306 du tome III des Scr. de Gerbert (Muris, de Discantu) se trouve un texte, tiré d'un manuscrit de St Blaise, qui suit de près le début de notre manuscrit, dans les trente premières lignes.

De nombreuses abréviations, et qui ne sont pas toujours constantes, ainsi que les déformations qu'a subies le parchemin, en rendent la lecture assez difficile pour que De Coussemaker ait renoncé à le publier. Bottée de Toulmont a fait un essai de lecture, (Bibl. du Conservatoire Nl. de musique à Paris), où les lacunes demeurent fort nombreuses, mais auquel je dois la solution de quelques problèmes.

Ce texte est un aide-mémoire. De façon systématique, les exemples musicaux en ont été omis, sans qu'aucune place leur ait été réservée, ainsi qu'il arrive en d'autres manuscrits. L'expression "ut hic" qui en signalait l'existence, en est la seule trace: aussi n'ai-je pas jugé utile de la traduire. Si d'autre part certains passages rappellent parfois (f° 62 r° G 11-16 et 36-43) les développements monotones, parce qu'ils se veulent exhaustifs, des textes voisins, l'impression générale est celle d'un constant souci de ne rappeler que l'essentiel. C'est ce que confirme d'ailleurs l'explicit de cette méthode de composition "compilata a M° Ph. de Vitry".

Il se compose de deux parties, un Ars Vetus (cf 62 r° G 18 "prout in veteri arte ordinantur" et 36 "ut habemus in veteri arte"), et un Ars Nova. Le passage de l'un à l'autre se marque par un "explicit" et une transition de quatre lignes. L'étendue de ces deux parties est sensiblement la même (106 + 97 l.).

Dans la première, l'étude des doubles-longues, des longues, des pliques, des brèves, des ligatures et des pauses est précédée d'un préambule consacré aux intervalles du déchant. La seconde traite d'abord des brèves, des semibrèves, des minimes, des semiminimes, de la dragma même, sans d'ailleurs la nommer, ainsi que des rapports de certaines de ces figures entre elles et avec les longues ou les doubles-longues. A partir du f° 62 r° G l. 64, les questions traitées concernent les différents modes et temps, la façon de les signaler et de les combiner, l'emploi des notes rouges, et le texte s'achève sur un tableau sommaire des différents temps parfaits et imparfaits. C'est le même ordre que suit l'Ars Nova de Philippe de Vitry dans sa troisième partie (cap. XVI et seq.) et le texte du ms BN latin 14741 attribué à Muris et publié par Nisard et Le Clercq dans les notes qu'ils ont jointes à leur réédition de l'ouvrage de Dom Jumilhac "Science et pratique du plain-chant", Paris 1847, p. 149. Notons ici que l'existence du ms 7378 A renforce l'hypothèse de H. Besseler (AfMW, Janv. 1927, p. 206, n. 1) selon laquelle ce ms, au moins en partie, ne représenterait qu'une version légèrement modifiée de l'Ars Nova de Vitry.

Il est remarquable que le même texte unisse, dans une composition équilibrée et cohérente, Ars Vetus et Ars Nova. C'est un cas exceptionnel, peut-être unique, parmi les textes contemporains dont nous disposons. Le texte de la Bibliothèque Vaticane, si important soit-il, ne présente pas cet aspect. On lit ainsi (cap. XVII, 10) "Item in modo perfecto, *ut visum est,* duplex longa imperficitur duobus modis . . . ." et le ms 14741 s'exprime de la même manière. Or, ni dans l'un ni dans l'autre, cette allusion ne se justifie. Dans le passage correspondant du 7378 A, ces lignes ne figurent pas, mais on les trouve, à leur place, dans l'Ars Vetus, f° 61 v° D l. 23-26.

Autre exemple: on lit, dans le Vaticanus (cap. XVII, 12), "Preterea in modo perfecto secunda duarum brevium inter duas longas, *ut visum est,* alteratur", et le ms 14741 précise "*ut visum est in arte veteri*". Ni ici ni là non plus, cette allusion ne se justifie. Par contre, le même passage, dans le 7378 A, f° 62 r° D l. 15, "*ut visum est prius*", renvoie à l'Ars Vetus, f° 61 v° D l. 52 ss.

Troisième exemple: on lit dans le Vaticanus (cap. XX, 7) "Item sciendum est quod quando pro isto minimo tempore duae ponuntur semibreves, prima major debet esse et nunquam secunda, nisi signetur, licet *secundum artem veterem* superius probaverimus quod secunda debet esse major": les semibrèves placées entre deux brèves se traitent en effet comme les brèves placées entre deux longues. Seulement, tandis que chez Ph. de Vitry, l'allusion à l'Ars Vetus demeure vague, elle est ici fort claire (f° 62 r° G l. 36) "Item sciendum, ut habemus in veteri arte quod quando due breves in modo perfecto inter duas longas ponuntur .... secunda brevis est altera et duo valet tempora, eodem modo quando due semibreves in prolatione perfecta inter duas breves ponuntur .... secunda semibrevis est altera ....", et l'expression "ut habemus" y renvoie au même passage de l'Ars Vetus que dans l'exemple précédent.

Il est vraisemblable, dans ces conditions, que le texte de la Vaticane et le ms 14741 se réfèrent, pour cette partie de leur développement, à un archétype que le 7378 A nous permet de nous représenter de façon précise.

Il est possible de tirer de ce texte d'autres enseignements. Ainsi, la création de la semiminime déterminait un quatrième degré (gradus) qui subdivisait la demi-brève parfaite en minimes et semiminimes. Mais, si l'on considère qu'il existait une semibrève imparfaite, valant deux minimes, il était possible de dégager un nouveau degré, constitué par la semibrève mineure (deux minimes), la minime, qu'on appellerait alors semimineure, et la semiminime qu'on appellerait minime. Ces nouvelles dénominations, le ms de la Vaticane (cap. XV, 14) les propose "ad gradum *salvandum* in quo posita fuit minima". La leçon "ad gradum *superlatum solvendum*" du ms 7378 A (f° 62 r° G l. 49-50) paraît nettement supérieure.

Au même folio, l. 60-63, il est dit que certaines semibrèves doivent être considérées comme éléments de syncope: "ad invicem reducuntur". "Certains estiment, ajoute notre texte, qu'elles devraient être écrites en rouge". Voilà qui éclaire le passage du ms de la Vaticane (cap. XIX, 6), où le motet "Plures errores" est donné en exemple, ainsi que le passage correspondant du ms 14741.

On trouvera encore dans l'apparat critique, à propos de l'incipit "Preconio", f° 62 r° D l. 21, un autre exemple de l'intérêt qu'offre ce ms.

Enfin, un passage comme celui où il est traité des pauses, f° 62 r° G l. 7-16, permet d'admettre que l'anonyme dit Th. de Campo, in Musica mens. (Couss. III), qui qualifie Ph. de Vitry "flos et gemma cantorum", use précisement des mêmes expressions, et fournit un fidèle reflet de son enseignement.

J'ai respecté l'orthographe du manuscrit, me bornant à la supposer, d'après des cas semblables, dans les abréviations. J'ai réduit à l'essentiel l'apparat critique; ainsi les additions, entre parenthèses ( ) dans le texte, et les suppressions, entre § §, ne s'y trouvent pas autrement justifiées quand la simple étude du contexte permet d'en rendre compte. De même, je me suis borné aux citations que je jugeais indispensables, bien qu'il fût aisé de les multiplier.

MM. A. Machabey et G. Reaney, à qui je dois les plus précieux conseils, voudront bien trouver ici l'expression de ma vive gratitude.

61 v° G

1 Sex sunt species principales sive concordantie discantus:
2 unisonus, semiditonus, dytonus, dyapente, tonus cum dyapente
3 et dyapason. Unisonus est species continens tantum unam lineam
4 vel unum spatium et potest poni in qualibet clave necesse fuerit,
5 ut hic. Et dicitur ab uno et sonus quasi unius vocis sonus.
6 Semiditonus est species continens spatium trium vocum et tonum et semitonium
7 ita quod mi et fa interponantur, ut hic. Et dicitur a semus quod est inper-
8 fectus et dytonus quasi ditonus inperfectus. Ditonus est species
9 continens spatium trium vocum et duos tonos ita quod mi
10 et fa non interponantur ut hic. Et dicitur a dia quod est 2
11 quia duobus tonis factus. Dyapenthe est species continens spatium
12 quinque vocum et tres tonos cum semitonio ita quod mi et fa interponantur
13 semel et ubivis sonent ut hic. Et dicitur a dia quod est de et pentha 5
14 quasi de quinque vocibus factum. Tonus cum dyapente est species continens
15 spatium sex vocum et plenum tonum cum dyapenthe (xxx) ut hic.
16 Diapason est (species continens) spatium octo vocum et sex tonos
17 ut hic. Et dicitur a dia quod est de, pan totum, quia continet sonum (omne) quod predictum
18 est. Significatur autem dya(pason qualibet) de littera initium, sicut de gamma ut
19 ad G sol re ut, vel de A re ad a la mi re et sic de aliis.
20 Potest autem speciei dyapason (additio fieri) et ponitur dyatesseron vel dytonus
21 cum dyapason usque ad binum dyapason et similiter (illi) potest

61 v° D

1 addi et sic usque ad infinitum et hec species sive
2 concordantie discantus possent esse infinite per

4 qualibet: quolibet ms / 6 semiditonus: semitonus ms / 7 semus: semis ms / 12 tres: 6 ms / 13 ubivis sonent conj. / 14 factum: factus ms / 15 dyapenthe (xxx) ut hic: deux lettres illis. / 16 species continens spatium: spatium continens, ce dernier mot exponctué, ms / 18 significatur .... initium: texte conjectural encore que le sens général ne soit pas douteux. "Initium" seul est sûr: "autem dya(pason)" serait plutôt une distraction du copiste (cf. l. 17) qui ne revient au texte original qu'avec le groupe "de littera initium". / 20-23 cf. Anon. 2, Couss. I, 309 "Nota tamen quod potest speciei diapason fieri additio, sicut facta est speciei diapente; et potest dici semitonium cum diapason, tonus cum diapason et sic de aliis usque ad bis diapason et similiter illi potest addi usque ad infinitum".

Il y a dans le déchant six intervalles principaux ou consonances: l'unisson, la tierce mineure, la tierce majeure, la quinte, la sixte majeure et l'octave.

L'unisson est un intervalle qui ne couvre qu'une seule ligne ou un seul interligne: il peut se placer en quelque clé où il faut qu'il soit. Il se dit ainsi de un et son, parce qu'il rend le son d'une seule note.

La tierce mineure est un intervalle qui couvre l'espace compris entre trois notes; il se compose d'un ton et d'un demi-ton, en sorte que s'y trouve incluse la succession mi-fa. Elle se dit ainsi de semus, c'est-à-dire imparfait [1], et diton (tierce majeure), parce qu'elle constitue une tierce majeure imparfaite.

La tierce majeure est un intervalle qui couvre l'espace compris entre trois notes; il se compose de deux tons, en sorte que la succession mi-fa ne s'y trouve pas incluse. Elle se dit ainsi de dia, c'est-à-dire deux, parce qu'elle est constituée de deux tons.

La quinte est un intervalle qui couvre l'espace compris entre cinq notes; il se compose de trois tons et d'un demi-ton, en sorte que la succession mi-fa ne s'y trouve incluse qu'une seule fois mais se place où l'on veut. Elle se dit ainsi de dia, c'est-à-dire de [2], et pentha, cinq, parce qu'elle est constituée de cinq notes.

La sixte majeure est un intervalle qui couvre l'espace compris entre six notes; il se compose d'un grand ton entier et d'une quinte.

L'octave est un intervalle qui couvre l'espace compris entre huit notes; il se compose de six tons. Elle se dit ainsi de dia, c'est-à-dire de, pan, tout, parce qu'elle renferme tous les sons dont il a été parlé. Chaque lettre constitue le début d'une octave, comme celle qui va de Gamma ut à G sol ré ut, ou de A ré à a la mi ré, etc.... On peut d'autre part, à l'intervalle d'octave, en ajouter d'autres, et former la onzième ou la dixième, jusqu'à la double octave, à laquelle, de la même façon, on peut joindre d'autres intervalles, indéfiniment. Dans

[1] L'auteur nous met ici en garde contre l'erreur qui consisterait à voir dans "semi-" le mot qui signifie "moitié". Le "semiditon" n'est pas non plus "faux", mais ne correspond "pas tout à fait" au "diton".

[2] Etymologie aussi fantaisiste que la précédente.

additionem unius ad alteram, licet plures non componantur quam sex quia per cognitionem ipsarum possumus habere cognitionem omnium aliarum. Istarum autem specierum 3 faciunt concordantiam perfecte, nec tendunt ad ascendere vel descendere. In concordantiis inperfectis item, si tenor ascendit vel descendit, possunt ascendere vel descendere, nisi quandoque necesse fuerit eas (aliter) ordinari, ita tamen quod concordantie perfecte (eas) inmediate precedant et sequantur ut dictum est. Ignoratis principiis necesse est artem ignorare. Notularum quedam (dicuntur) duplices longe, quedam longe, quedam breves, quedam semibreves et quedam minime. A longis tanquam a simplicioribus debemus inchoare. Simplex longa est que quadratum habet corpus et a dextro latere caudam sive ascendendo sive descendendo ut hic. Et in modo perfecto tria valet tempora, inperfecto duo. Si autem habet duas caudas sive lateris dextri cauda sit longior, tunc fit longa; si sinister, tunc fit brevis, ut patet hic. Duplex longa est notula que habet duplex corpus respectu longe et a dextro latere caudam ascendendo sive descendendo ut hic. In modo perfecto sex valet tempora et inperfecto 4. Inperficitur respectu etiam longe in modo perfecto, scilicet quando sola brevis vel due cum ea jungantur, quia tunc necessario 5 vel quatuor valet tempora ut hic. Quinque modis scimus quod longa in modo perfecto tria valet tempora: primo si longa longam sequitur, semper prima longa tria valet tempora ut hic; secundo

5 Istarum autem .... cf. Muris, de Discantu, Gerb. III, 306 "Istarum predictarum specierum quedam faciunt consonantiam perfectam, quedam inperfectam. Perfectam unisonus, diapente et diapason consonantiam faciunt; et alie species, videlicet semiditonus et ditonus, tonus cum diapente, faciunt consonantiam inperfectam, quia tendunt ascendere vel descendere in speciebus predictis perfectis" / 6 tendunt: tendant ms / 8 descendit: descenderit ms / 9 eas (aliter) ordinari: cf. Muris, l.c. "Debemus etiam binas consonantias perfectas seriatim conjunctas ascendendo vel descendendo prout possumus evitare .... Item sciendum est quod nos possumus ascendere per unam tertiam, vel per duas, vel per tres, sicut placet, cum tenore .... Item sciendum quod nos optime possumus ascendere cum tenore de tertia in quintam, et sic de omni inperfecta specie in speciem perfectam, et e contrario eodem modo descendere cum tenore; et est valde pulcrum in discantu." / 12 duplices: duplicis ms / 13-14 semibreves .... minime: en fait, il ne sera question de ces figures que dans la seconde partie (Ars Nova) cf. 62 r° G l. 17 / 16 caudam: tendant ms / 24 longe: longa ms

le déchant, ces intervalles ou consonances pourraient, par addition de l'un à l'autre, être en nombre indéterminé: on n'en forme toutefois que six, étant donné que la connaissance de ces intervalles permet la connaissance de tous les autres.

Trois d'entre eux, d'autre part, forment une consonance juste, et ne doivent ni monter ni descendre.

Si la partie de tenor monte ou descend, des consonances imparfaites peuvent être ascendantes ou descendantes, sauf dans le cas où il faut les ordonner différemment, de telle sorte toutefois que des consonances parfaites les précèdent ou suivent immédiatement, comme il a été dit [3]. Ignorer ces principes, c'est ignorer nécessairement la méthode.

Parmi les notes, certaines sont dites doubles-longues, certaines longues, certaines brèves, certaines semibrèves, certaines minimes. C'est par les longues, comme étant plus simples, que nous devons commencer.

La longue simple est celle qui présente un corps carré et, sur le côté droit, une hampe ascendante ou descendante. En mode parfait, elle vaut trois temps; en mode imparfait, deux. Si d'autre part, cette figure présente deux hampes, et que la hampe de droite soit la plus longue, on a alors affaire à une longue [4]; si c'est la hampe de gauche, on a alors affaire à une brève.

La double-longue est une note qui présente un corps double de celui de la longue et, sur le côté droit, une hampe ascendante ou descendante. En mode parfait, elle vaut six temps; en mode imparfait, quatre. Elle est imperfectée comme une longue en mode parfait, c'est-à-dire quand lui sont jointes une ou deux brèves, auquel cas elle vaut nécessairement cinq ou quatre temps.

[3] Paragraphe obscur, certainement altéré, et incomplet, ainsi qu'en témoigne l'expression "ut visum est".

[4] Cette figure et la suivante sont des pliques.

29 si longam inmediate punctillus qui perfectionis dicitur signum
30 (xxxx) precedat vel sequatur §semper prima longa tria valet
31 tempora§ ut hic; tertio si longam due breves sequantur
32 nulla brevi precedente ut hic; quarto si longam tres breves
33 sequantur nulla brevi precedente ut hic; quinto si longam
34 quinque breves sequantur nulla brevi precedente quinta brevis
35 altera debet esse ut hic. Longa quatuor modis demonstratur
36 esse inperfecta, primo si longam sola brevis antecedat
37 ut hic; secundo si longam sola brevis ut hic sequatur;
38 tertio si longam due breves sequantur vel 3, ita tamen quod post
39 primam brevem punctus divisionis ponatur ut hic;
40 quarto si 4 breves longam sequantur ut hic. Istud
41 autem intelligendum (de modo et tempore perfecto) quod quando
plures breves longam sequuntur quarum
42 possunt alterari quecumque 4 vel 7 vel 10 sequuntur, necesse est judica-
43 ri duorum temporum, nisi punctus perfectionis ponatur ibidem.
44 Notandum est etiam quod si post longam breves infinite
45 ponantur, tres pro perfectione sunt computate et
46 ultime perfectioni due breves reperiuntur: ita ultima
47 debet alterari brevis; secundum confusionem, propter hoc ut magis
48 pateat cantanti, punctus etiam ultimas duas bre-
49 ves apponi debet, et potius ponunt longam si tria tempora
50 valere debeant, ut hic. Brevis notula sic
51 formatur et dividitur et alteratur. Recta brevis est
52 ista que tantum valet unum tempus. Altera vero brevis
53 valet duo tempora, et fit quotiescumque in modo perfecto due
54 breves inter duas longas ponuntur vel inter lon-
55 gam et punctum et e converso vel quando pausa unius
56 temporis et brevis inter duas longas ponuntur quia
57 tunc unica brevis est altera et valet duo tempora ut
58 hic. De ligaturis breviter est dicendum: omnis igitur liga-
59 ture carentis tractu quolibet cujus secunda ascen-

29 perfectionis: inperfectionis ms / 29-30 signum (xxxx) precedat: un mot illis. Il ne semble pas qu'aucun texte évoque le cas où le point précède la note. Cf. pour l'ensemble de ce passage, Pseudo-Tunstède, Quartum principale, Couss. IV, 267, ss / 33 brevi: breve ms / 43 perfectionis: le point se situerait, par ex., après la seconde brève, qui se trouverait de ce fait altérée, tandis que les brèves suivantes ne compteraient que pour un temps. La construction de la phrase l. 41-43 n'est pas sans présenter quelque difficulté, mais le sens général n'est pas douteux. Cf. Pseudo-Tunstède l.c. "Quando due breves inter duas longas ponuntur, ultima alteratur.... vel quando quinque.... vel quando octo.... nisi punctus divisionis intersit." / 46 ultime perfectioni due breves reperiuntur: ultime perfectionis due breves reperiantur ms

Il y a cinq façons de déterminer qu'une longue est en mode parfait et vaut trois temps:

1° si une longue en suit une autre, la première vaut toujours trois temps.

2° Si un petit point, dit signe de perfection, précède ou suit la longue.

3° Si deux brèves suivent la longue sans qu'aucune brève la précède.

4° Si trois brèves suivent la longue sans qu'aucune brève la précède.

5° Si cinq brèves suivent la longue sans qu'aucune brève la précède: la cinquième brève est (alors) altérée.

Qu'une longue est imparfaite se détermine de quatre façons:

1° Si une brève seule précède la longue.

2° Si une brève seule suit la longue.

3° Si deux ou trois brèves suivent la longue, à condition toutefois qu'après la première brève se rencontre un point de division.

4° Si quatre brèves suivent la longue.

Comprenons d'autre part qu'en mode et temps parfaits, lorsqu'une longue est suivie de plusieurs brèves, dont celles qui viennent après la 4me, la 7me ou la 10me peuvent être altérées, il faut attribuer à ces dernières la valeur de deux temps, à moins qu'on n'y rencontre un point de perfection.

On notera aussi que, si un nombre indéterminé de brèves se trouvent placées après une longue, on en compte trois pour une perfection, et l'on trouve, pour la dernière perfection, deux brèves: ainsi la dernière brève doit-elle être altérée. Pour prévenir l'incertitude, et afin que le chanteur s'en aperçoive mieux, on accompagne aussi d'un point les deux dernières brèves, ou, de préférence, si elles doivent valoir trois temps, on porte une longue.

Voici comment se forme, se divise et s'altère une brève. La brève normale est celle qui ne vaut qu'un temps. La brève altérée en vaut deux: on la rencontre toutes les fois qu'en mode parfait deux brèves se trouvent placées entre deux longues, ou entre une longue et un point, et vice versa, ou quand une pause d'un temps et une brève se trouvent placées entre deux longues: alors l'unique brève est altérée et vaut deux temps.

60 dit prima brevis ut hic. Per regulam a
61 contrario subsequitur: omnis ligature carentis tractu quolibet
62 cujus secunda descendit prima longa ut hic.
63 Quandocumque signum (a parte sinistra) apponitur ascendendo, (si secunda) ascendat
64 sive descendat, prime due note illius ligature non
65 nisi solum tempus valent ut hic. Quandocumque signum
66 descendens a parte sinistra apponitur, si secunda
67 §ascendat sive§ descendat, primam facit esse brevem
68 ut hic. De mediis breviter dicendum est quod voces
69 medie nullatenus inquinantur ut hic, (nisi tamen due vel quinque essent medie quia secunda sive quinta in modo perfecto alteratur ut hic.)

62 r° G

1 De finalibus breviter est dicendum quod omnis finalis ascendens brevis
2 est ut hic, §nisi tamen due vel quinque essent medie quia secunda sive
3 quinta in modo perfecto alteratur ut hic§ nisi ordine prius posito
4 ponatur quia tunc fit longa, vel si signum a latere dextro ascendendo
5 vel descendendo apponatur §quia tunc fit longa§ ut hic. Per regulam a
6 contrario subsequitur: omnis finalis descendens longa est ut hic, nisi sit
7 configurata, quia tunc breviatur ut hic. Tandem de pausis
8 dicendum est: sicut omni mensurabiliter cantare refert, sic et pau-
9 sare. Unde pausarum secundum antiquos 4 sunt genera. Est igitur
10 pausa trium temporum, nec est major in arte; pausa duorum
11 temporum, pausa unius temporis, pausa semitemporis. Pausa trium
12 temporum tria spatia continet et tantam moram facit tacendo
13 quantum tria tempora pronuntiando. Pausa duorum temporum

64 "note" est précédé de trois lettres barrées. Cf. Anon. IV, Couss. III, 377 (ms BN lat. 15128) "Si autem signum ponitur ascendens, sive secunda illius ligature ascendat sive descendat, prime due non valent nisi unum tempus, quia quelibet est semibrevis". / 69 nisi tamen .... ut hic: cf. 62 r° G 2-3

2-3 nisi .... ut hic: le sens invite à reporter ces deux lignes à la fin de la colonne précédente. Cf. Anon. IV, Couss. III, 377 "omnes medie sunt breves, nisi tantum due vel quinque essent, quia tunc secunda vel quinta alteratur". / 3 ordine prius posito: cf. Anon. IV, l.c., bien attesté dans le ms BN 15128 f° 129 v° "Omnis finalis ascendens est brevis, nisi habeat caudam, vel nisi ponatur ordine *prepostero,* id est situatur adverso capite, quia tunc fit longa". / 4 dextro: destro ms / 8 dicendum: faciendum ms / 7-16 On trouvera des formules analogues à celles que l'on trouve dans ce paragraphe dans l'anonyme dit Th. de Campo, de Musica mensurabili, Couss., III, 188 "Sicut refertur ad modum cantare, similiter in cantu ad modum pausare.... Pausa brevis que facit tantam moram pausando quantum unum tempus perfectum, sive inperfectum, pronuntiando." C'est dans ce texte que Ph. de Vitry est qualifié "flos et gemma cantorum".

Parlons brièvement des ligatures: est brève la première note de toute ligature dépourvue de hampe, et dont la seconde est ascendante.

D'où il suit, a contrario, qu'est longue la première note de toute ligature dépourvue de hampe, et dont la seconde est descendante.

Toutes les fois que, du côté gauche, on trouve une hampe ascendante, la seconde note étant ascendante ou descendante, les deux premières notes de cette ligature ne valent qu'un temps.

Toutes les fois que, du côté gauche, se trouve une hampe descendante, une seconde note descendante rend brève la première.

Des médiaires, disons brièvement qu'elles ne subissent aucune modification, à moins qu'on n'en compte deux ou cinq, auquel cas, en mode parfait, la seconde ou la cinquième est altérée.

Des finales, disons brièvement que toute finale ascendante est brève, à moins qu'elle ne se trouve inversée [5], auquel cas elle devient une longue, ou qu'une hampe ascendante ou descendante ne se trouve du côté droit.

D'où il suit, a contrario, que toute finale descendante est longue, à moins qu'elle ne fasse corps avec une autre figure de note, auquel cas elle s'abrège.

Parlons enfin des pauses. De même qu'il est utile à chacun de savoir observer dans le chant les règles de la musique mesurée, de même il est utile de savoir respecter les pauses.

Selon l'ancienne méthode, il y a quatre espèces de pauses. Ainsi, il y a la pause de trois temps, et, dans notre méthode, il n'y en a pas de plus grande, la pause de deux temps, celle d'un temps et celle d'un demi-temps.

La pause de trois temps couvre trois interlignes, et détermine un

[5] Le carré qui représente la finale se trouve placé alors au-dessus de la figure de note précédente, et à gauche de la hampe:  .

14 duo spatia continet et tantam moram facit tacendo quantum (duo tempora pronuntiando; pausa unius temporis unum spatium continet et tantam moram facit tacendo quantum) solum
15 tempus pronuntiando. Pausa semitemporis semispatium continet et
16 tantam moram facit tacendo quantum dimidium tempus pronuntiando.
17 Explicit (ars). Dicto de longis, brevibus, ligaturis et pausis prout
18 (in) veteri arte ordinantur et cognoscuntur, dicendum est de brevibus, semi-
19 brevibus et minimis, prout in nova arte et secundum modernos
20 ordinantur et pronuntiantur. Primo a brevibus tanquam a simpli-
21 cioribus debemus inchoare. Sciendum quod sicut longa §longa§
22 perfecta tria valet tempora, sic brevis perfecta tres semibreves et semi-
23 brevis perfecta tres minimas et minima duas semiminimas,
24 si dici possent semiminime, ut hic. Item sicut se habet brevis
25 ad longam §vel longa ad brevem§ ita semibrevis ad brevem
26 et minima ad semibrevem. Unde de longis, brevibus, semibrevibus,
27 idem est judicium. Primo, sicut in modo perfecto (longa) 5 modis noscitur
28 esse perfecta, scilicet longa ante longam et sic de aliis, quatuor
29 modis inperfecta, scilicet quando sola brevis precedit vel sequitur (longam)
30 in arte veteri, sic brevis in arte nova et in prolatione perfecta
31 tot modis cognoscitur esse perfecta, scilicet brevis ante brevem et
32 sic de aliis, et tot modis inperfecta, scilicet quando semibrevis precedit
33 vel sequitur brevem, et similiter semibrevis tot modis noscitur esse perfecta
34 vel inperfecta, videlicet in prolatione perfecta et majori inperfecta quia in minori
35 prolatione inperfecta nulla semibrevis potest esse perfecta nisi ponatur
36 punctum perfectionis, ut hic. Item sciendum, ut habemus in veteri
37 arte (quod) quando due breves in modo perfecto inter duas lon-
38 gas ponuntur vel inter longam et punctum vel e converso, secunda brevis
39 est altera et duo valet tempora. Eodem modo quando due semibreves
40 in prolatione perfecta inter duas breves ponuntur vel inter brevem

14 spatia: spatio ms / 18 cognoscuntur: cognoscantur ms / 24 semiminime: semiminimas ms. On peut remarquer la parenté de ce passage avec Anon. III (cf. p. 85; ms BN lat. 15128 f° 127 ss) "et quelibet illarum minimarum dividuntur iterum in duas semiminimas equales, si posset dici", où la même expression est reprise quelques lignes plus loin. / 25 vel longa ad brevem: peu explicable. Manque ailleurs: cf. Anonyme III, (cf. p. 85) "Ita sicut se habet brevis ad longam, ita semibrevis ad brevem, et minima ad semibrevem". Ita: et ms / 27 quinque: 4 ms; cf. 61 v° D l. 26 / 36 ut habemus: cf. 61 v° D 52 ss. / 40 brevem: breves ms.

silence d'une durée égale à celle de trois temps chantés. La pause de deux temps couvre deux interlignes et détermine un silence d'une durée égale à celle de deux temps chantés. La pause d'un temps couvre un interligne et détermine un silence d'une durée égale à celle d'un temps chanté. La pause d'un demi-temps couvre la moitié d'un interligne et détermine un silence d'une durée égale à celle de la moitié d'un temps chanté. Fin de la méthode.

Nous avons vu comment les longues, les brèves, les ligatures et les pauses s'agencent et à quoi elles se reconnaissent dans l'ancienne méthode. Voyons maintenant comment, dans la nouvelle méthode et selon les modernes, s'agencent et se déterminent les brèves, les semibrèves et les minimes. C'est par les brèves, comme étant plus simples, que nous devons commencer.

Sachons que, comme la longue parfaite vaut trois temps, la brève parfaite vaut trois semibrèves, la semibrève parfaite trois minimes, et la minime deux semiminimes, si l'on peut dire.

De même, ce que la brève est à la longue, la semibrève l'est à la brève, et la minime à la semibrève. On raisonnera donc de même sur les longues, les brèves et les semibrèves.

D'abord, de même que, selon l'ancienne méthode, il y a, en mode parfait, cinq façons de connaître qu'une longue est parfaite, soit: quand une longue en précède une autre, etc. . . ., et quatre manières de connaître qu'une longue est imparfaite, soit: quand une brève seule précède ou suit la longue, etc. . . ., de même, dans la nouvelle méthode, il y a, en prolation parfaite, autant de façons de reconnaître qu'une brève est parfaite, soit: quand une brève en précède une autre, etc. . . ., et autant de façons de reconnaître qu'elle est imparfaite, soit: quand une semibrève précède ou suit la brève, etc. . . . Semblablement encore, il y a autant de manières de reconnaître qu'une semibrève est parfaite ou imparfaite, du moins en prolation parfaite et en prolation majeure imparfaite, car, en prolation mineure imparfaite, aucune semibrève ne peut être parfaite, sauf à être pourvue d'un point de perfection.

Nous avons aussi noté dans l'ancienne méthode que quand deux brèves se trouvent, en mode parfait, placées entre deux longues, ou entre une longue et un point, et vice versa, la seconde brève est altérée et vaut deux temps. Sachons de même que quand deux semibrèves se

41 et punctum et e converso secunda semibrevis est altera et valet duas semibreves,
42 et eadem ratione quando due minime in majori (prolatione) inter semibreves
43 ponuntur minima secunda duas valet minimas et altera minima vocatur,
44 ut hic. §Brevis inperfecta§ ad modum longe inperfecte, quoniam in
45 duas dividitur breves, sic brevis inperfecta in duas
46 semibreves et semibrevis in duas minimas ut hic.
47 Semibrevis a parte superiori recte caudata minima vocatur; illa
48 vero que in oblicum versus dextrum latus caudata semiminima
49 vocatur ut hic. Minime et semiminime ad gradum superlatum
50 solvendum nominantur, sicut et alie semibreves inposita habentes
51 nomina: alia nomina inponi possunt, ita quod minima vocatur
52 semiminor et semiminima minima. Quedam a parte superiori et in-
53 feriori simul caudantur: unde quotiens reperiuntur, pro
54 duobus minimis computantur, nec plus valere possunt.
55 Notandum quod si longam vel duplam longam sequatur
56 in prolatione perfecta semibrevis sola (vel) precedat, dividit ipsas (et)
57 tantum inperficit quantum est in proprium ut hic. Item si minima
58 sequatur easdem vel precedat, dividit ipsas etc.; (si) est brevis dividit
59 ipsas nisi tamen in prolatione inperfecta, ut hic. Notandum (quod) inveniuntur
60 aliquotiens unice semibreves, breves vel longas sequentes,
61 que tamen eas nec augent nec minuunt sed potius ad invicem
62 reducuntur: dicendum quod ponuntur ille ut per eas recta mensura syn-
63 copetur, et secundum aliquos deberent fieri rubee ut hic.
64 Ad temporis perfecti designationem anteponitur circulus rotun-

45 breves: semibreves ms / 48 vero: vocatur ms / dextrum: destrum ms. En cet endroit, l'Anonyme III, (cf. p. 86) écrit: "et minima recte bis caudata a parte superiori vocatur semiminima" ♦. Il s'agit ici de la figure ♦. / 49 ut hic: tout ce passage, depuis la ligne 17, mérite d'être rapproché de Anon. III, Couss. III, dont il convient ici de signaler le début: "De nova arte quam Ph. de Vitriaco nuper invenit (edidit?), dicam hoc modo". Ad gradum superlatum solvendum: cf. Introduction. / 50 Et alie semibreves: allusion à un passage omis. Cf. Vitry, Ars Nova, cap. XV, 9-13 "Sciendum quod secundum diversos istarum semibrevium valores diversa sortiuntur nomina. Unde semibrevis que sex valet minimas major nuncupatur; semibrevis vero que quinque vel quatuor semimajor.... Illa vero que tres valet minimas recta et vera semibrevis vocatur.... Illa vero que duas valet minimas minor vocatur.... Que vero solam minima appellatur.... Que vero minime medietatem semiminima vocatur". / 52 quedam: quae ms / 57 tantum inperficit: conj. Minima: encore que tout ce passage soit à rapprocher de la doctrine de Muris, Couss. III, 108, Muris, Argumenta musice, paraît contradictoire: "Queritur utrum longa potest imperfici a minima? Et videtur quod non per Franconem et per Philippum, qui ostendunt longam imperfici a quadrata, et quadratam a semibrevi, et sic de singulis".

trouvent, en prolation parfaite, placées entre deux brèves ou entre une brève et un point et vice versa, la seconde semibrève est altérée et vaut deux semibrèves. Par la même raison, quand, en prolation majeure, deux minimes se trouvent placées entre des semibrèves, la seconde minime en vaut deux et s'appelle minime altérée.

A la manière de la longue imparfaite, puisque celle-ci se divise en deux brèves, la brève imparfaite se divise en deux semibrèves, et la semibrève en deux minimes.

La semibrève qui porte une hampe droite orientée vers le haut s'appelle minime; celle qui porte une hampe obliquement orientée à droite s'appelle semiminime.

De façon à dégager un "degré" supplémentaire, minimes et semiminimes, de même que les autres semibrèves qui possèdent une dénomination donnée, peuvent recevoir d'autres noms: la minime s'appelle alors semimineure, et la semiminime minime.

Certaines figures de notes se trouvent pourvues d'une hampe à la fois vers le haut et vers le bas: on les compte pour deux minimes quand on les rencontre; elles ne peuvent valoir plus.

Notons que si en prolation parfaite une semibrève isolée suit une longue ou une double-longue ou les précède, elle détermine un fractionnement et les imperfectise selon sa valeur propre. Il en est de même pour une minime et pour une brève, sauf en prolation imparfaite.

Notons qu'on rencontre parfois des semibrèves isolées qui suivent des longues ou des brèves, et cependant n'entraînent pour elles ni augmentation ni diminution, mais se regroupent entre elles: grâce à elles on détermine exactement un rythme syncopé; selon certains, elles devraient être rouges.

Pour indiquer un temps parfait, on porte d'abord un petit cercle

65 dus, quia forma rotunda perfecta est, et aliquando tres tractuli, et
66 utrumque est bonum, ut hic. Ad temporis inperfecti designationem in-
ponitur

62 r° D

1 semicirculus et aliquando duo baculi et utrumque est bonum,
2 ut hic. Sciendum igitur quod sunt aliqui cantus perfecti
3 modo et tempore, alii inperfecti, alii (perfecti) modo et non tempore,
alii tempore
4 et non modo, alii partim perfecti et partim inperfecti tam modo
5 quam tempore. Igitur in modo perfecto longa ante longam
6 tria valet tempora. In modo inperfecto longa vero non
7 nisi duo, nec tria valet nisi punctus perfectionis apponatur.
8 Item in modo perfecto pause trium temporum sunt integre,
9 scilicet in uno corpore. (In) inperfecto nec possunt nec dicuntur. Unde
10 sciendum est quod quotienscumque pause trium temporum
11 in uno corpore reperiuntur, modus est perfectus et
12 tempus. Quando due pause vel plures inmediate sequentes
13 reperiuntur quarum quelibet valet duo tempora, modus est in-
14 perfectus. In modo perfecto secunda duarum brevium inter
15 longas duas positarum alteratur, ut visum est prius.
16 In modo inperfecto nulla brevis potest alterari. Modus et perfectum
17 tempus continentur in moteti tenore qui vocatur DEUS JUDEX;
18 modus inperfectus et tempus inperfectum continentur in
19 moteti tenore qui vocatur ADESTO. Modus perfectus ex
20 tempore inperfecto continetur in BONA CONDIT. Modus inperfectus ex
21 tempore perfecto in (MARIE) PRECONIO. Tempus partim per-
fectum et partim inperfectum (et modus etiam)

2 Ms: trois lettres rayées avant "sciendum" / 3 perfecti: om. ms Cf. Vitry, Ars nova, cap. XVII, 3 / 11-12 et tempus: ne figure ni dans Ars nova, ni dans ms 14741 / 12 quando: quarto ms / 13-14 inperfectus: perfectum ms. Vitry, Ars Nova et le ms 14741 citent ici l'incipit ADESTO, ce que confirment les lignes 18-19. / 15 ut visum est prius: cf. 61 v° D 52 ss / 21 (MARIE) PRECONIO Vitry, Ars Nova, cap. XVII, 25, cite ici un incipit MISERA PLICONIA qui n'a aucun sens, mais dont le second mot rappelle invinciblement le second mot de l'incipit connu MARIE PRECONIO, dont la musique est en effet en mode imparfait et temps parfait. Il peut paraître toutefois difficile d'admettre ici PRECONIO, qui n'est que le second mot de l'incipit. Mais il est très vraisemblable que le copiste aura vu dans le mot MARIE l'abréviation qu'il avait déjà trouvée pour "moteti tenore": cf. l. 17 "in moteti tenore qui vocatur DEUS JUDEX". (Voir aussi l'abréviation "motore", moins convaincante cependant, l. 19). Or cette précision manque déjà à propos du motet BONA CONDIT. Il n'est pas étonnant dans ces conditions qu'il n'ait pas jugé utile de la reprendre, quand il a cru la retrouver, d'autant que manquait ensuite, et pour cause, le verbe "qui vocatur". / 21-22 et modus etiam: cf. l. 3, Vitry, Ars Nova et ms 14741.

rond, parce que la forme ronde est parfaite, parfois aussi trois petits traits: l'un et l'autre moyens sont bons.

Pour indiquer un temps imparfait, on porte un demi-cercle, parfois deux bâtons: l'un et l'autre moyens sont bons.

Sachons donc qu'il y a des textes musicaux parfaits en mode et en temps, d'autres imparfaits; d'autres parfaits en mode, non en temps; d'autres en temps, non en mode; d'autres présentent tantôt des passages parfaits à la fois en mode et en temps, tantôt des passages imparfaits.

Or, en mode parfait, une longue devant une longue vaut trois temps. En mode imparfait une longue n'en vaut que deux et elle n'en vaut trois que si elle est pourvue d'un point de perfection.

En mode parfait encore, les pauses de trois temps sont entières, c'est-à-dire en un seul corps. En mode imparfait, elles ne le peuvent, et on ne les utilise pas. Sachons donc que, toutes les fois que l'on rencontre des pauses de trois temps en un seul corps, le mode est parfait (ainsi que le temps).

Quand deux ou plusieurs pauses consécutives se rencontrent dont chacune vaut deux temps, le mode est imparfait.

En mode parfait, la seconde de deux brèves placées entre deux longues est altérée, ainsi qu'on l'a vu plus haut. En mode imparfait, aucune brève ne peut être altérée.

Mode et temps parfaits se rencontrent au tenor d'un motet qui s'appelle DEUS JUDEX; mode imparfait et temps imparfait au tenor d'un motet qui s'appelle ADESTO.

Il y a mode parfait à temps imparfait dans BONA CONDIT; mode imparfait à temps parfait dans MARIE PRECONIO.

Le temps est tantôt parfait, tantôt imparfait, et le mode de même, dans GARISON.

22 continetur in GARISON. Qua de ratione rubee note in
23 motetis ponuntur breviter videamus. §Primo§ dicendum quod
24 principaliter duabus de causis, una quia rubee note
25 de alia mensura quam nigre cantantur ut in tenore
26 (de) IN ARBORIS, et ponuntur aliquotiens ut modus (et) tempus
27 varientur insimul ut in tenore de GARISON;
28 vel ut secunda (duarum) brevium inter duas longas positarum non
29 alteretur, ut in tenore de IN NOVA FERT ANIMUS. Item
30 ponuntur aliubi quia cantantur in octava voce §voce§
31 loci ubi sunt site, ut in tenore moteti QUANT
32 AMORS: in isto tenore omnes rubee cantantur
33 in octava voce §ubi sunt site§. Dicta prolatione secundum quod
34 in sex vel in 9 dividitur minimis, dicendum est de divisione
35 temporis. Primo sciendum quod tempus perfectum est triplex, scilicet minimum, medium
36 et majus. Minimum tempus perfectum continet in se tres (semi)breves
37 equales, que quidem tres semibreves minime pronuntiantur.
38 Medium dividitur in tres semibreves equales quarum quelibet
39 valet duas minimas. Majus dividitur in tres semi-
40 breves equales quarum quelibet valet tres (minimas). Et sciendum quod
41 tempus inperfectum est duplex: minimum et majus. Minimum dividitur
42 in (duas) semibreves equales quarum quelibet valet duas
43 minimas, et sic dividitur in 4. Majus dividitur in (duas) semibreves equales
44 quarum quelibet valet tres minimas, et sic in 6
45 minimas dividitur. Explicit ars quevis mensuran-
46 di motetos compilata a magistro Philippo de
47 Vitry Magistro in musica.

22 ad rubee ms / 27 insimul: le copiste a d'abord écrit "invicem", qu'il a rayé. Cet emploi des notes rouges n'intéresse en effet que le tenor de GARISON. Il aurait fallu, pour justifier "invicem", citer le motet THOMA TIBI OBSEQUIA "quare in tenore illius motecti rubee cantantur ex temporibus perfectis de modo imperfecto, nigre vero e converso" (Vitry, Ars Nova, cap. XIX, 4 et le ms 14741 / 28 duarum: cf. Ars Nova et 14741 / 33 Dicta prolatione .... Cette indication ne se réfère à aucun passage explicite, mais se déduit de 62 r° G 22-23 et 46. De plus, elle ne résume pas toute la question. Cf. Ars Nova, cap. XX, 2 "Cum de temporibus et prolatione secundum quod in sex sive novem dividuntur minimis superius tractavimus, ne de temporis divisione insufficienter videamus tractasse, de tempore strictius tractare affectamus". / 35 temporis: tempore ms / 44 tres: duas exponctué dans le ms et surmonté du chiffre 3.

Voyons brièvement pour quelles raisons on utilise des notes rouges dans les motets. Il faut dire qu'il y en a principalement deux. La première est que les notes rouges se chantent dans une autre mesure que les noires, comme au tenor (de) IN ARBORIS; elles s'emploient alors parfois pour indiquer que le mode et le temps changent simultanément, comme au tenor de GARISON; ou que la seconde de (deux) brèves placées entre deux longues ne subit pas d'altération: ainsi dans le tenor de IN NOVA FERT ANIMUS.

Deuxièmement, l'emploi qu'on fait ailleurs des notes rouges indique que les passages où elles se trouvent se chantent à l'octave: ainsi dans le tenor du motet QUANT AMORS. Au tenor de ce motet, toutes les notes rouges se chantent à l'octave.

Nous avons dit comment la prolation se fait en six ou neuf minimes. Parlons maintenant des différentes espèces de temps.

Sachons d'abord qu'il y a trois espèces de temps parfait: le petit, le moyen et le grand. Le petit temps parfait contient trois semibrèves de valeur égale, lesquelles se nomment minimes. Le moyen se divise en trois semibrèves de valeur égale dont chacune vaut deux minimes. Le grand se divise en trois semibrèves de valeur égale dont chacune vaut trois minimes.

Sachons aussi qu'il y a deux espèces de temps imparfait: le petit et le grand. Le petit se divise en deux semibrèves de valeur égale dont chacune vaut deux minimes; ainsi se divise-t-il en quatre. Le grand se divise en deux semibrèves de valeur égale dont chacune vaut trois minimes: ainsi se divise-t-il en six minimes.

Ici se termine une méthode pour mettre les motets en musique mesurée, et dont les éléments ont été puisés chez Maître Philippe de Vitry, maître de musique.

A LONDON SOURCE FOR THE *ARS NOVA* OF PHILIPPE DE VITRY

ANDRE GILLES and GILBERT REANEY

The London ms, British Museum, Additional 21455 is a small codex of only 11 folios containing a miscellany of musical *tractatuli* written about 1400. Bukofzer gave a list of contents in his study on English discant and fauxbourdon [1], and published the pieces connected with his subject on f. 9-11. These appear to be slightly later than the rest and in a smaller, different hand, with the exception of the page in English beginning "It is to wite that there are 3 degrees of discant". He failed however to notice the importance of the anonymous treatise which begins the manuscript. All the earlier part of the manuscript is highly abbreviated, but it is clear from an examination of f. 1-6 that this study of mensural music is another version of Philippe de Vitry's 'Ars Nova'. Certainly it does not appear to be as close to the original as the succinct version in Paris, Bibl. Nationale, fonds latin 7378A f. 61v-62 [2], but it has points of resemblance. It seems indeed that all three versions we now possess are complementary and must be taken into consideration if we are to gain as complete a picture as possible of the original treatise. Both the London and the Paris source mentioned treat the *ars vetus* as well as the *ars nova,* while the Vatican ms is only an *ars nova.* Nevertheless, the Vatican source refers to the *ars vetus* as to the first part of the complete treatise. In spite of obvious errors, the Vatican source has considerable authority, for it is the only manuscript which goes into full detail, and further it is largely concordant with another Paris ms, Bibl. Nationale, lat. 14741, which contains an important segment of the 'Ars Nova' [3]. The new version is perhaps more haphazardly written than any of the others, but has points of contact with the relatively early ms lat. 7378A.

The first part of the treatise deals with the older note-forms, namely the long, breve and double long. Their values are considered in some detail, whether they are isolated, plicated, imperfected or altered. The semibreve

[1] M. Bukofzer, *Geschichte des englischen Diskants und des Fauxbourdons nach den theoretischen Quellen,* 1936, 37 f.

[2] Cf. p. 55 ff.

[3] Cf. p. 13 ff.

is merely mentioned in this section, but not treated in detail. Then follows a similar discussion of the methods employed in the new art, namely in the notation of the smaller values, i.e. semibreves and minims. Even the shortest notes, the semiminims, and the longest, the triple longs, are discussed, and the semiminim is defined in exactly the same way as in lat. 7378A [4]. Ligatures are considered in more detail and complete with examples in Add. 21455, after which the treatise is continued by examples of the different combinations of mode, time and prolation. Single note-values are also divided into their subspecies, and a few paragraphs are briefly devoted to the rhythmic modes, the "eight" concordances and the question of *musica falsa.*

There is no need to list the contents of the manuscript again, but it may be mentioned that it is a paper codex measuring 214 x 146 mm, and now has a binding of chocolate brown leather. A further point of interest is that the *Regula de monocordo* on f. 8v is nothing more than chapter III of the *Micrologus* by Guido of Arezzo. In the interest of completeness, the text of Add. 21455 follows immediately. It actually begins with the scale at the end of chapter II of the *Micrologus* (cf. J. Smits van Waesberghe, *Guidonis Aretini Micrologus,* 1955, 95-100). Passages in brackets are omitted in the original manuscript.

Regula de Monocordo. In primis . . .

(a b h c d)

Γ, A, B, C, D, E, F, G, a, b, h, c, d, e, f, g, a, b, h, c, d. Quarum dispositio a doctoribus aut tacita aut nimia obscuritate perplexa adest et ita pueris breviter et plenissime explicata. Gamma itaque in primis affixa, ab eo usque ad finem subjectum cordae spatium per novem partire et in termino primae nonae partis A litteram [5] pone, in qua omnes antiqui fecerunt principium. Item ab A ad [6] finem, nona collecta parte, eodem modo B litteram pone. Post haec ad Gamma revertens usque ad finem metire per quatuor et in primae partis termino invenies C. Eademque divisione per quatuor, sicut cum Gamma inventum est C, simili modo, per ordinem, cum A invenies D, et cum B invenies E, et cum C [7] invenies F et cum D invenies G, et cum E invenies a, et cum F invenies b rotundam. Quae vero sequuntur, similium et earundem omnes per ordinem medietate facile [8] colliguntur utputa a B ad finem, in medio spatio pone aliam h; similiterque

[4] Cf. p. 76.
[5] litera *ms.*
[6] a *pro* ad *ms.*
[7] G pro C *ms.*
[8] facili *ms.*

C signabit aliam c, et D signabit aliam d, et E aliam e, et F aliam f (et G aliam g) et reliquae eodem modo. Posses in infinitum ita progredi sursum et deorsum, nisi artis praeceptum sua auctoritate (te) compesceret. De multiplicibus diversique monocordi divisionibus unam apposui, ut cum de multis ad unam intenderetur, id est sine dubitatione, sine scrupulo caperetur. Praesertim cum sit tantae utilitatis ut et facile intelligatur, et intellecta vix obliviscatur. Alius vero dividendi modus sequitur qui, etsi memoriae minus adjungitur, eo tamen monocordum velociori celeritate componitur hoc modo. Cum primum a Γ usque ad finem novem passus, id est particulas, facis primus passus terminabit in A, secundus vacat, tertius in D, quartus vacat, quintus in a, sextus in d, septimus in a, reliqui vacant. Item (cum) ab A usque ad finem novenis partiris, primus passus terminabit in B, secundus vacat, tertius in E, quartus vacat, quintus in h, sextus in e, septimus in $\overset{h}{\text{h}}$[9], reliqui vacant. Item cum a Γ ad finem quaternis dividis, primus passus terminabit in C, secundus in G, tertius in g, quartus finit. A C vero ad finem similiter, quatuor passuum primus terminabit in F, secundus in c, tertius in cc, quartus finit. Ab F vero quatuor passuum (primus terminabit in b rotundam, secundus in f).

(*Tractatus cantus mensurabilis secundum Philippum de Vitriaco*)

Cum de mensurabili musica sit nostra praesens intentio, eam propter faciliorem apprehensionem erudientium in figura pro parte declarare intendimus, ne procedamus ex principiis ignoratis, quia ignoratis principiis ignorantur ea quae post principia sunt.

Videamus primo quid sit figura, quid simplex, quid composita vel ligatura, quod idem est in musica. Figura idem est quod nota vel forma notae. Figurarum aliae simplices, aliae compositae. Simplicium tres sunt species, scilicet longa, brevis et semibrevis, et dicuntur simplices quando non ligantur. Compositae vero quando plures ad invicem ligantur. Et quia simplex praecedit compositum, primo dicitur hic de figuris simplicibus, dividendo eas in tribus, sic: figura vero longae est punctus quadratus habens solum tractum ascendentem vel descendentem a parte dextera, sic  vel duos tractus ascendentes vel descendentes, dexteris tractibus longioribus sinistris, et tunc dicitur proprie plicata, sic  (quia pro duobus tractibus ascendentibus vel descendentibus proprie nomen plicatae habere meretur). Figura autem brevis est punctus quadratus sine aliquo tractu, sic vel habens (unum tractum ascendentem vel descendentem a parte sinistra) sic  et tunc simpliciter dicitur plicata, quia pro solo tractu ascendente vel descendente minus proprie dicitur, (vel habens duos tractus ascendentes

[9] b *ms.*

vel descendentes, sinistris tractibus longioribus dextris sic) [10]. Semibreves quidem formantur sic .

In prima parte dividitur longa in tribus modis. Primo longa dicitur hic perfecta eo quod tria tempora sub uno accentu includit et hoc quia perfectio ternario numero secundum philosophum attribuitur, et est ternarius numerus inter omnes perfectissimus quia a summa Trinitate quae est vera et pura perfectio nomen assumpsit. Et notandum quod tria tempora tam sub uno accentu quam diversis prolata unam perfectionem constituunt. Item ad longam praedictam videlicet referri debet per quod imperficiatur. Item longa ante longam vel ante pausam longam dicitur perfecta ut hic . Item si duae breves vel tres vel earum valor inter duas longas immediate ponantur tractulo divisionis non interposito brevibus: tunc prima longa dicitur perfecta ut hic . Item quando signum perfectionis illi additur, perfecta est. Et est signum perfectionis quidam parvus tractulus qui alio nomine divisio modi vocatur, sic . Imperfecta vero dicitur quando duobus temporibus mensuratur et sine brevi praecedente vel subsequente vel ejus valore non invenitur ut hic . Duplex longa dicitur eo quod duas longas sub uno accentu includit, sic . Item duplex longa inter duas longas vel ante longam vel ante pausam longam valet sex tempora, sic . Item quando brevis est ab illa relativa per divisionem modi sive praecedat sive sequatur, ipsa valet quinque tempora ut sic . Item quando ponitur inter duas breves ad ipsam relatas, valet quatuor tempora et potest plicari ascendendo vel descendendo sic .

Recta brevis est illa quae non valet nisi unum tempus, quod (est) minimum in plenitudine vocis. Fit autem recta brevis tripliciter: primo quando refertur ad aliquam longam ante eam vel post eam brevis recta dicitur, sic . Secundo cum duae breves tantum inter duas longas de modo perfecto inveniantur, prima dicitur recta, secunda brevis altera vocatur sic nisi inter duas breves divisio modi apponatur, sic et tunc utraque erit recta et referri debent ad aliquod praecedens vel subsequens. Tertio quandocumque tres breves inter duas longas inveniuntur nullo tractulo divisionis illis interposito, vel quando tres breves computari debent pro longa perfecta, tunc quaelibet illarum recta brevis erit sic .

Altera vero brevis similis est longae imperfectae in valore. Differt tamen in figuratione. Quare dicitur altera brevis? Quia a sua recta proportione

[10] Figura autem brevis est punctus quadratus sine aliquo tractu sic vel habens duos tractus ascendentes vel descendentes, sinistris tractibus longioribus dextris sic et tunc simpliciter dicitur plicata, quia pro duobus tractibus ascendentibus vel descendentibus proprie nomen plicatae habere meretur. Pro solo tractu ascendente vel descendente minus proprie dicitur, sic *ms.*

alteratur. Item altera brevis duas rectas includit et fit tribus modis. Primo quando duae breves tantum inter duas longas de modo perfecto sine tractulo divisionis inveniantur, tunc ultima illarum altera dicetur, sic . Secundo quando tres breves inveniuntur, et si inter primam brevem et secundam fit modi divisio, prima ad longam praecedentem referri debet et secunda erit recta; ultima vero altera vocatur, sic . Tertio quando multae breves adjunctae concurrunt ita quod tres pro perfectione computantur, et si in fine duae remaneant tantum, tunc ultima erit altera, sic . Et si una tantum remaneat illa erit recta, et longam imperficiet sequentem, sic . Item quando duae breves inter duas longas de modo imperfecto inveniantur, utraeque erunt aequales sine alteratione, et sive modus sit perfectus sive imperfectus, tot tempora continent duae praedictae breves quot longa praecedens. Item sicut in veteri arte, ut praedictum est, quando duae breves inter duas longas de modo perfecto inveniuntur (prima recta dicitur) et secunda alteratur, sic in nova arte, quando duae semibreves inter duas breves de tempore perfecto vel inter brevem et longam inveniantur, prima unum tempus habebit et secunda erit altera, sic . Eodem modo quando duae minimae inter duas semibreves de majori prolatione inveniuntur, sic . Et sciendum quod nulla notula alteratur nisi in secundo loco[11], quando duae notae accipiuntur pro numero ternario et (ponitur) ante suam majorem vel ante ejus valorem sic . Item sicut in veteri arte longa ante longam de modo perfecto valet tria tempora, sic in nova arte brevis ante brevem de tempore perfecto valet tres semibreves. Item sicut in veteri arte longa imperficitur per brevem a parte ante vel a parte post et valet duo tempora, sic in nova arte brevis imperficitur per semibrevem a parte ante vel a parte post et valet duas semibreves, et similiter semibrevis per minimam et valet duas minimas quia sicut se habet brevis ad longam sic semibrevis ad brevem et minima ad semibrevem ut hic .

Pro brevi recta minus quam duae semibreves accipi non possunt, quarum prima minor, secunda major appellatur pro tanto quod duas minores includit, et propter hoc patet quod tres semibreves secundum artem (novam) possunt poni pro brevi recta sic . Tamen ex aliqua velocitate vocis ponuntur quatuor vel quinque vel sex vel novem. Et tunc quaedam sunt minores perfectae, quaedam minores imperfectae et quaedam sunt minimae. Et secundum modum cantandi diversimode possunt figurari (vel) uno modo, sic .

Item minor semibrevis in minimas dividitur duas vel tres quas per tractum a termino[12] superiore ascendentem signamus sic . Item alio

[11] modo *ms.*

[12] tono *ms.*

modo quando in tres dividitur, per tractum a sinistra parte ab angulo obtuso praecedentem primam signamus sic .

Quandocumque duae semibreves ponuntur pro brevi recta vel tres, vel quatuor, vel quinque, vel sex et sine figuratione (propria) tunc debet tractulus divisionis illis interponi ad signandum quando duae ponuntur pro ipsa vel tres vel quatuor etc.

Item quandocumque duae semibreves de tempore perfecto inter duas longas vel duas breves vel inter brevem et longam inveniantur prima semibrevis unum habebit tempus, secunda vero duo tempora, sic . Si autem tres inter praedictas inveniantur, erunt aequales, si quinque, quatuor pro brevi recta computentur. Possunt autem semibreves plicari sic

De divisione brevis notae.

Item sciendum est quod brevis perfecta in tres dividitur semibreves aequales et quaelibet illarum in tres minimas et quaelibet illarum minimarum in duas [13] semiminimas. Item brevis imperfecta [14] in duas semibreves et quaelibet illarum semibrevium in duas minimas et quaelibet illarum minimarum in duas semiminimas. Minima est quae habet tractum a parte superiori ascendentem sic . Semiminima est quae habet tractum ascendentem in obliquum versus dexteram partem [15] sic vel sic et non possunt poni impares. Sciendum quod omnis notula perfecta potest imperfici a tertia parte ante vel post, et ex quibus componitur, ex illis imperfici debet. Triplex longa ex simplicibus componitur longis et a simplici longa imperfici debet. Simplex longa perfecta componitur ex tribus brevibus et ideo a brevi imperfici potest. Brevis perfecta componitur ex tribus semibrevibus et ideo a semibrevi imperfici debet.

Item sciendum est quod nulla notula imperfecta potest imperfici quia perfectio constat in numero ternario.

Proprietas est nota primariae inventionis ligaturae a musica plana data in principio. Perfectio vero est idem, sed in fine ligaturae. Unde ligaturarum aliae ascendentes aliae descendentes sunt. Ascendens ligatura est illa cujus secunda nota vel secundus punctus, quod idem est, altior est primo puncto, sic . Descendens vero ligatura est illa cujus secundus punctus inferior est suo primo in corpore recto et obliquo, sic .

Omnis ligatura descendens habens tractum a sinistra parte primi puncti dicitur cum proprietate, sic , et si punctus primus careat omni tractu, tunc sine proprietate dicitur, sic .

Omnis ligatura ascendens si careat omni tractu a primo puncto ascen-

[13] tres *ms.*
[14] perfecta *ms.*
[15] Cf. p. 65, line 48.

dente cum proprietate dicitur, sic . Sed si tractum gerit a dextera parte primi puncti sine proprietate dicitur, sic .

Omnis ligatura ascendens vel descendens habens tractum a parte principii ascendentem cum opposita proprietate dicitur, sic .

Unde omnis ligatura cum proprietate primam facit brevem. Quaevis ligatura sine proprietate primam facit longam. Omnis vero opposita proprietas facit duas primas notas semibreves.

Item sciendum quod figura ligabilis non ligata vitiosa est, sed magis figura non ligabilis ligata. Plures longae ligari non possunt ad invicem sine proprietate. et cum perfectione nisi in binaria ligatura sic .Breves vero ligabiles sunt in principio, medio et in fine . Plures semibreves quam duae ad invicem ligari non possunt et semper in principio ligaturae sic . Haec sufficiunt de principiis ligaturarum [17].

Quando ultimus punctus in fine ligaturae recte stat supra penultimam ascendendo ultima cum perfectione dicitur sic . Sequitur: omnis perfectio longatur. Item quando ultima nota in fine ligaturae stat quadrata descendendo similiter cum perfectione dicitur sic . Item quando ultimus punctus in fine ligaturae habet quadratam plicam ascendentem vel descendentem, tunc ultima longatur sic . Quando vero ultimus punctus averso capite stat supra penultimam ascendendo sine perfectione dicitur sic . Vel quando duae notae in uno corpore obliquo in fine ligaturae ascendendo vel descendendo inveniatur similiter.

Modus imperfectus de tempore imperfecto est quando longa valet duas breves et quaelibet brevis duas minores.

Modus perfectus de tempore perfecto et minori prolatione.

Modus imperfectus de tempore imperfecto et de minori prolatione. (Pausationes) Larga perfecta

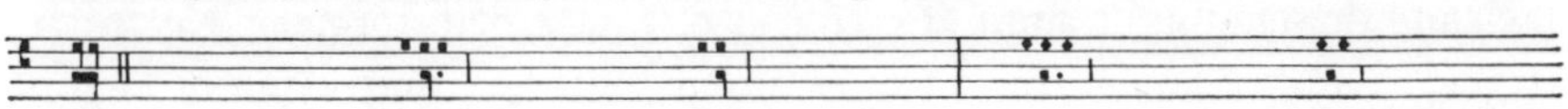

Larga imperfecta Longa perfecta Longa imperfecta Brevis perfecta Brevis. imperfecta

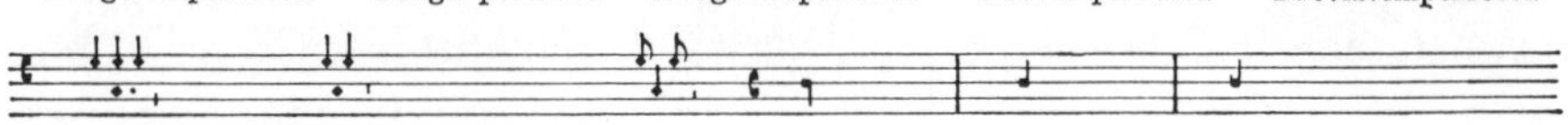

Minor perfecta Minor imperfecta et minima Longa recta Longa erecta Longa plicata ascendens

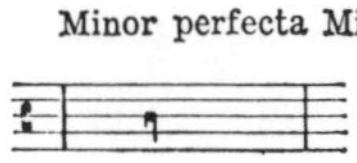

vel descendens

[16] Franco of Cologne, *Ars cantus mensurabilis* in Coussemaker, *Scriptorum de musica medii aevi nova series* (= CS) I, 1864, 118 and Anon., *Quatuor principalia musicae* in CS IV, 1876, 259.

[17] Franco, *Ars cantus mensurabilis* in CS I, 128.

Sciendum quod ubicumque longae erectae inveniuntur, per solum semitonum eriguntur et nunquam plicari possunt. Item sciendum est de brevibus erectis.

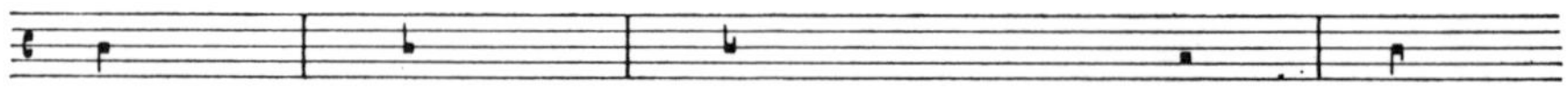

Brevis recta Brevis erecta Brevis plicata ascendens B. quadrata vel descendens

De tempore perfecto et de maiori prolatione

De tempore imperfecto et de maiori prolatione

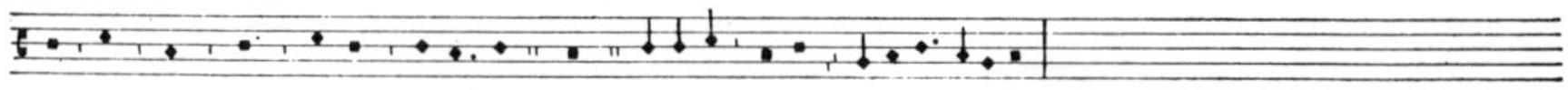

De tempore perfecto et de minori prolatione

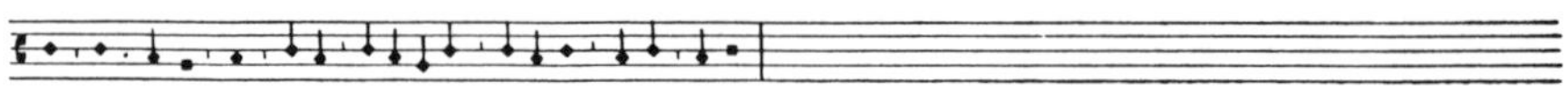

De tempore imperfecto et de minori prolatione

Item secundum antiquos modi sunt quinque cantandi quorum primus constat ex longa et brevi, sic . Secundus ex brevi et longa, sic . Tertius ex longa et duabus brevibus, sic . Quartus ex duabus brevibus et longa, sic . Quintus ex omnibus brevibus et semibrevibus sic

Item sciendum est quod octo sunt concordantiae, videlicet prima in tertio loco a tenore; secunda in quinto; tertia in sexto; quarta in octavo; quinta in decimo; sexta in duodecimo; septima in tertiodecimo; octava in quintodecimo loco, etc.

Falsa musica est quando id in clavi recipitur quod non est, quia aliquando propter concordantias vocum necesse est recipere id in clavi quod non est. Sicut, in gesolreut, fa, ubi non est nisi sol, re et ut, et sic dicitur falsa musica, quia scire debes quod b non mutat claven sed mutat tonum faciendo de semitono tonum et e converso. Eest autem tonus ut hic: ut re, re mi, fa sol, sol la. Fa mi, mi fa semitoni sunt. Sed duo semitoni faciunt plusquam tonum et ideo dicitur *et est b* quia non dicis vel cantas per h vel per naturam. In C fa per h cantas; quando fa mutatur in sol, tunc est b et sic mutatur tonus. Si ergo a simili (modo) pono in g b, tunc necesse est ibi recipere fa quia de tono propter b debet fieri semitonus, et sic erit falsa musica etc. . .

[18] Franco, *Ars Cantus mensurabilis* in CS I, 118.

A POSTSCRIPT TO PHILIPPE DE VITRY's *ARS NOVA*

GILBERT REANEY

The teaching of Philippe de Vitry, important as it is for the history of music in the 14th century, is not easily circumscribed since the preserved versions of his treatise *Ars nova* are all different. Moreover, they tend to be abbreviated or to some extent corrupt. The Vatican source, which is best known owing to its publication by Coussemaker, omits the *Ars vetus,* also by Vitry, which appears in an abbreviated form in the Paris ms, Bibl. Nat., fonds latin 7378A. Nevertheless, although the latter is probably our earliest source, the musical examples are missing and both the *Ars vetus* and *Ars nova* have been cut down.

The Paris codex is the only preserved 14th-century source, though the Vatican ms dates from c. 1400 and closely follows the version found in an early 15th-century Paris ms, Bibl. Nat., fonds latin 14741. Another recently identified copy of the *Ars Nova* in London (cf. p. 71 ff.) reveals once again another arrangement of the basic material. The anonymity of the treatise in this codex (London, Br. Mus., Add. 21455) and its unusual appearance accounted for the fact that it remained unrecognized for so long.

All these factors show that the theoretical work of Vitry must have been imparted mainly by word of mouth, for it is exceptional to find a treatise in such widely differing forms. After all this, it was hardly surprising to find a still more abbreviated compendium of Vitry's teaching in a late 15th century source, Siena, Bibl. Comunale, L.V. 30. The presence of this *tractatulus* on f. 129-129v of the manuscript was pointed out to me by Professor K. von Fischer of Zürich. It is only of interest as a further testimony of the influence of Vitry as a theorist, for its extreme brevity gives it little room to say anything at all. Nevertheless, it clearly combines both the old and the new arts, as can be seen from the opening sentence. The two points treated are the distinction between *modus perfectus* and *modus imperfectus,* and the use of red notes, the latter indicated in the examples by hollow notes.

Most of the references can be traced in the other known versions of Vitry's treatise. The definition of the *longa* is more or less identical to that at the beginning of the London version (cf. p. 73) and that in the Paris codex (cf. p. 57, lines 15-19). The reference to the Trinity occurs in the London ms (cf. p. 74), and the use of the rests to distinguish between perfect and imperfect *modus* is discussed in the Vatican codex (cf. p. 26).

Red notes, an important factor in Vitry's theory, are not mentioned at all in the London ms. In the Siena codex there is simply a general statement that red longs, breves or semibreves change the mode, time or prolation from perfect to imperfect. The qualification about the presence of the next higher note-value (*nisi cum aliqua longa forsitan ordinentur*) seems to be a corruption of the rule that a red note will prevent alteration. In this case, the motet *In arboris* exemplifies the general rule while *In nova fert animus* refers to the exception. This can be confirmed by a glance at the Vatican and Paris sources.

A full description of the Siena manuscript is given by Dr J. Smits van Waesberghe in *Expositiones in Micrologum Guidonis Aretini,* Amsterdam 1957, 65f, though this source is evidently late 15th rather than 14th century. Indicative of the date is the counterpoint treatise which ends the manuscript, for this work is probably by John Hothby (d. 1487). It occurs in at least two more Italian manuscripts: London, British Museum, Egerton 2954 and Florence, Bibl. Laur., Ashburnham 1119. Particularly striking however is the discovery that the treatise of Lambertus turns up again in the Siena codex some 200 years after it was written.

In the following edition of the compendium, additions are indicated by square brackets, omissions by round ones in the usual manner. In addition, the Latin *Philippus* has been substituted for *Philippo* in the title.

Sub brevissimo compendio Philippus de Vitriaco
in musica incipit.

Omni desideranti notitiam artis musicae mensurabilis tam novae quam veteris obtinere, certas regulas hic presentes sub brevi compendio proposse non postpono fideliter assignare. Et quia voces seu notulas proportionabiliter oportet in hoc opere mensurare prout longae vel breves et semibreves ac minimae figurantur, idcirco ad figurationem et valorem ipsarum breviter procedamus.

Longa ergo sub forma quadrata figurata est habens tractum a parte dextra ascendentem vel descendentem, vel duos quorum dexter(a) excedit sinistrum; et tunc talis nota dicitur plica longa et valet tria tempora in modo perfecto, duo autem in imperfecto. Modus imperfectus est breves vel tempora per numerum binarium computare, et dicitur imperfectus eo quod numerus binarius est imperfectus. Numerus vero ternarius est perfectus assumptus a trinitate, scilicet a patre et filio et spiritu sancto ubi est summa perfectio. Modus perfectus cognoscitur per pausas quando pausae in longas sunt perfectae vel quando de longa usque ad aliam longam per numerum ternarium melius quam binarium tempora computantur ut hic patet:

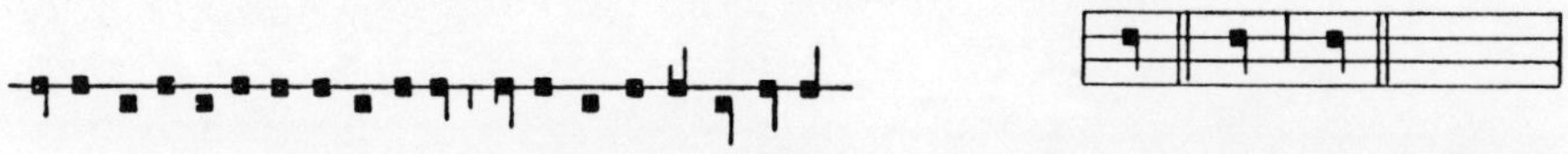

Item nota: modus, tempus et prolatio per rubeas distinguntur figuras. Inde quandocumque longa invenitur rubea, ponitur ad differentiam modi. Itaque si nigrae fuerint de modo perfecto, rubeae sunt de modo imperfecto et e converso, ut hic patet:

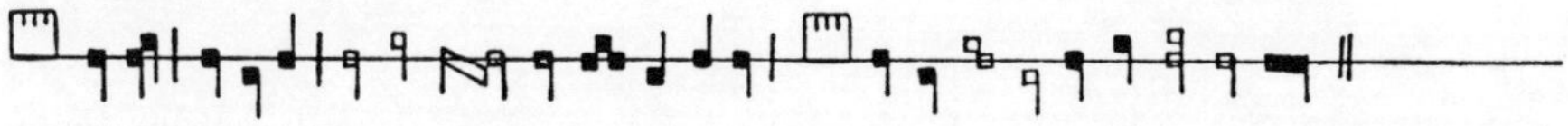

Breves ponuntur rubeae ad differentiam temporis. Itaque si nigrae breves fuerint de tempore perfecto, rubeae sunt de imperfecto et e converso, nisi cum aliqua longa forsitan ordine[n]tur, sicut in mottetti tenore qui dicitur *In arboris,* vel in tenore de *In nova fert animus* ut hic: (Ex. 3). Semibreves

rubeae ponuntur ad differentiam prolationis, ut si nigrae semibreves fuerint de maiori prolatione, rubeae sunt de minori et e converso, nisi semibreves cum aliqua brevi forsitan ordine[n]tur (quia tunc ponuntur ad differentiam prolationis), ut hic patet:

Hos versus disce qui cantum discere cupis:

> Ante namque longa[m], tria tempora longa meretur.
> Si brevis addatur, duo tempora longa tenetur.
> Inter perfectas, si brevis bina locetur,
> temporis unius sit prima, secunda dupletur.

Explicit Philippus de Vitriaco.

L'ANONYME III DE COUSSEMAKER, *SCRIPTORES* III

ANDRE GILLES

INTRODUCTION

L'étude du ms BN lat. 15128 s'inscrit assez heureusement à la suite des études réalisées sur l'*Ars Nova* de Philippe de Vitry. C'est ce que soulignent nos références à AN ("The *Ars Nova* of Ph. de Vitry", Vat. Barb. 307, cf. pp. 3 ff.); TI ("Un témoignage inédit de l'enseignement de Ph. de Vitry", Bibl. Nat., lat. 7378 A, cf. pp. 52 ff.); LS ("A London Source for the *Ars Nova* of Ph. de Vitry", Br. Mus., Add. 21455, cf. p. 71 ff.).

Comme cela avait été fait dans le Vaticanus, nous avons dégagé du texte un certain nombre de chapitres qui faciliteront les rapprochements. Nous avons d'autre part, sur un point, modifié l'ordre des différents paragraphes en rejetant à la fin du texte les passages relatifs aux signes qui indiquent les temps parfait et imparfait, et aux notes rouges, passages que notre copiste insère, sans raison apparente, entre ceux qui traitent de la répartition des semibrèves et des minimes à l'intérieur du temps parfait d'une part, du temps imparfait d'autre part.

Ce sont les rapports qui existent entre ce texte et celui de la Bibliothèque Vaticane que nous nous attacherons à souligner. En effet, même si le copiste ne nous avertissait pas, au début du ch. III, qu'il va nous entretenir de l'*Ars Nova,* et sans parler du fond, nous reconnaîtrions, à certaines particularités de forme, derrière l'un et l'autre de ces textes, une même personnalité.

S'agit-il de prouver qu'une brève qui se divise en trois semibrèves est parfaite (Ch. IX), c'est la même argumentation que nous trouvons dans le Vaticanus, ch. XVI: même notre ms est ici plus complet. Le Vaticanus se contente en effet de noter "Sed tempus perfectum est hujusmodi. Ergo."; mais le BN 15128 est explicite "Sed tempus perfectum, cum partitur in tres semibreves aequales, videtur habere quodam modo principium, medium et finem; ergo est perfectum."

Le même souci de fonder sur un raisonnement syllogistique une affirmation de théorie musicale se retrouve au ch. V, De Dragma, quand, de façon amusante, l'auteur remarque que la façon même de dessiner la dragma implique qu'elle ne vale que deux minimes. Et voilà qui nous amène à parler d'une note curieuse que nous n'avons jusqu'ici trouvée que dans le Vaticanus, Ch. XV in margine, et dont nous avons donné (cf. pp. 33-51) une traduction et un commentaire. Selon cette note, la présence d'un "nombre plus petit" devant un "plus grand" conduit à réduire d'autant ce dernier. Le Vaticanus rend compte ainsi du sens du mot "semiditonus". La même règle explique ici la valeur de la dragma. Jeux apparemment puérils, rapprochements purement formels, mais aussi moyens mnémotechniques, et dont l'usage semble confirmer l'hypothèse que nous avons avancée d'un Ph. de Vitry à la fois Professeur de Philosophie et Cantor au Collège de Navarre entre 1316 et 1322 (*Revue Belge de Musicologie* X, 1956, fasc. 3-4, p. 151).

Il nous paraît aussi que le BN lat. 15128 apporte au Vaticanus un utile complément. C'est avec surprise en effet que l'on voit commencer l'*Ars Nova* proprement dit, au ch. XV du Vaticanus, par une étude relative à la composition du temps imperfait, sans qu'il ait été parlé du temps parfait. Nous avons d'ailleurs, au ch. XX, la preuve d'une omission, puisque le copiste écrit "Cum de temporibus et prolatione secundum quod in sex *sive novem* dividuntur minimas superius tractavimus competenter". Or il suffit, pour réparer cette omission, d'insérer entre les ch. XIV (de falsa musica) et XV le ch. VII du BN 15128 "De pronuntiatione minimarum et semibrevium in tempore perfecto".

(1. DE ARTE MUSICAE BREVE COMPENDIOLUM)

2. Quoniam per ignorantiam artis musicae multi, et maxime temporibus modernis, cantando delirant, ideo de arte musicae breve compendiolum, Deo juvante, propono, et veterem ac novam artem in isto compendiolo manifestare intendo.

1. (Cap. I DE FIGURIS MUSICAE MENSURABILIS)

2. Secundum quod vulgo dicitur, ab unitate inchoandum est; et quia unitas prior est dualitate, et brevis notula habet unum tempus, longa vero duo vel plura, ideo brevis prior est quam longa, et sic semibrevis ante brevem et minima ante semibrevem.

3. Sed quia dicit auctor quod a simpliciori et leviori inchoandum est, et longae notulae sunt simpliciores brevibus et semibrevibus, quod patet quia breves notulae et semibreves difficiliores sunt ad pronuntiandum quam longae, 4 ideo ab ipsis longis tanquam a simplicioribus est inchoandum, procedendo igitur ad modos breviter motulorum vel motetorum, quia de figuris vero nihil vix est faciendum.

1. (Cap. II DE MODIS IN MUSICA MENSURABILI)

2. Sciendum est quod in cantu mensurabili secundum Magistrum Franconem, quinque sunt modi, licet quidam posuerint esse sex et septem, ut procedendo patebit.

3. Primus modus, secundum Magistrum Franconem, procedit ex omnibus longis. 4. Secundus constat ex brevi et longa. 5. Tertius constat ex longa et duabus brevibus. 6. Quartus ex duabus brevibus et longa. 7. Quintus ex omnibus brevibus et semibrevibus. 8. Vide residuum in arte Magistri Franconis.

---

1. De arte ... compendiolum *om ms* **2.** juvente *pro* juvante *ms* veteram *pro* veterem *ms* artam *pro* artem *ms*

1. Cap. I ... Mensurabilis *om ms* **3.** et quia *pro* sed quia *ms* actor *pro* auctor *ms*

1. Cap. II ... mensurabili *om ms*

---

1. Cap. II cf. LS 78, 4-7

1. (Cap. III DE NOVA ARTE)

2. De nova arte quam Philippus de Vitriaco nuper invenit, dicam hoc modo. 3. Primo a brevibus tanquam a simplicioribus inchoabo. 4. Postea dicam de semibrevibus, postea de minimis, tandem vero de simiminimis.

5. Sciendum est quod sicut in veteri arte est, ita in nova. 6. Sed in veteri arte longa ante longam valet tria tempora, et sic brevis ante brevem valet tres semibreves; et hoc de modo perfecto intelligendum est. 7. Ita sicut se habet brevis ad longam, ita semibrevis ad brevem, et minima ad semibrevem.

8. Sed sic se habet brevis ad longam in veteri arte quod quando sola brevis praecedit vel sequitur longam, longa non valet nisi duo tempora; ergo sic erit in proposito, quod quando sola semibrevis sequitur solam brevem vel praecedit, brevis non valet nisi duas partes unius temporis, scilicet duas semibreves, ut hic.

9. Quando duae breves in veteri arte ponuntur inter duas longas, secunda dicitur altera et valet duo tempora; sic in nova quando duae semibreves ponuntur inter duas breves, secunda illarum semibrevium duas semibreves valet, ut patet in hoc exemplo.

10. Descendendo breviter ad divisionem brevis notulae, sciendum est quod brevis notula perfecta valens unum tempus dividitur in tres semibreves aequales. 11. Et quaelibet illarum semibrevium subdividitur in tres minimas; et quaelibet illarum minimarum dividitur iterum in duas semiminimas aequales, si possent dici, ut hic.

---

1. Cap. III ... arte *om ms* **2.** hoc do modo *pro* hoc modo *ms* **9.** in veteri arte *om ms* in nova *om ms* **11.** inter *pro* in tres *ms*

---

1. Cap. III cf. TI 63, 18-21
5-8. cf. LS 75, 22-28
9. cf. TI 63, 36-41 et LS 75, 13-18
10-11. cf. TI 63, 22-24, LS 76, 13-16 AN Cap. XXII De majore tempore perfecto

12. Breve tempus imperfectum dividitur in duas semibreves aequales, et quaelibet illarum semibrevium dividitur in tres minimas, et quaelibet illarum minimarum subdividitur in duas semiminimas iterum, si possent dici, ut hic.

13. Primo posset quaerere aliquis ignorans quae vocetur minima et quae semiminima: ad quod breviter dico quod semibrevis recte caudata a parte superiori vocatur minima, ut hic

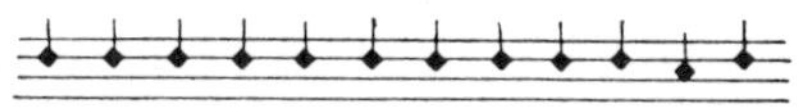

et minima recte bis caudata a parte superiori vocatur semiminima.

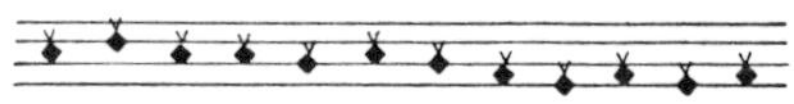

14. Item sicut videmus in veteri arte quod quando sola brevis sequitur longam, vel quando plures quam tres sequuntur, illa longa non valet nisi duo tempora, nisi apponatur signum perfectionis, sic est in nova arte quod eodem modo, quando sola semibrevis sequitur brevem, vel quando plures quam tres semibreves sequuntur, illa brevis non valet nisi duas semibreves, ut patet hic.

15. Et eodem modo quando sola minima sequitur semibrevem, vel quando plures quam tres sequuntur semibrevem praedictam, semibrevis non valet nisi duas minimas, ut patet hic.

16. Et sic apparet utiliter cuilibet intuenti quot notulae apponantur pro uno tempore, licet ibi puncti non ponantur, et si semiminimae inveniantur, duae semiminimae computantur pro sola minima, quia semiminimae non possunt poni impares, ut patet in hoc exemplo sequenti.

---

14. quod illa longa *pro* illa longa *ms* opponatur *pro* apponatur *ms* ut patet *pro* ut patet hic *ms* **17.** semi temporis *pro* semibrevis *ms*

---

12. cf. TI 65, 45-46, LS 76, 16-19: *in illis opusculis definitur minimum tempus imperfectum* (cf. AN Cap. XXIII). *Hic autem describitur majus tempus imperfectum* (cf. AN Cap. XXIV)

13. cf. TI 65, 47-48, LS 76, 19-21

17. Item nota quod si aliqua semibrevis inter tales semiminimas reperitur, computanda est pro tribus minimis, nisi sola minima sequatur; tunc enim non valet nisi duas minimas, ut patet hic.

1. (Cap. IV DE NOTULIS AEQUIVOCIS)

2. Et sic apparet quod notulae et pausae sunt aequivocae. 3. Nota quod omnis semibrevis notula est aequivoca ad hoc quod potest valere, sex vel quinque vel tres vel duas minimas. 4. Aequivoca distinguitur ab adjunctis: pro tanto dicendum est quod quando duae semibreves ponuntur inter duas longas vel duas breves, secunda illarum valet sex minimas, ut hic,

nisi prima signetur a parte inferiori, ut hic

quia tunc prima valet sex minimas.

5. Unde dico quod talis semibrevis notula caudata a parte inferiori est aequivoca, quia quandoque valet sex minimas, ut patet hic,

quandoque vero quinque, ut patet hic,

quandoque vero valet tres, ut patet hic,

quandoque vero valet duas, ut hic patet.

1. Cap. IV . . . aequivocis *om ms* 2. et si *pro* et sic *ms* 4. vel duas breves *om ms* cf. LS 76, 7-9 5. sex minimas ut patet *pro* sex minimas ut patet hic *ms* quinque ut patet exemplum *pro* quinque ut patet hic *ms*

1. (Cap. V DE DRAGMA)

2. Item nota quod quaedam sunt semibreves quae caudantur a parte superiori et inferiori, ut patet hic.

3. Et tales notulae sic caudatae dragmae vocantur, gallice fuises, et non possunt aliquo modo valere nisi duas minimas. 4. Quod sic probatur, quia sicut se habet unitas ad perficiendum numerum id est majorem numerum, sic minima ad semibrevem. 5. Sed sic se habet numerus quia minor numerus praepositus diminuit ipsum numerum, secundum quod ipsemet valet. 6. Sic est in proposito, quia talis notula ex propria natura ejus valet tres minimas, scilicet quando est caudata a parte inferiori; sed quando est caudata a parte superiori, hoc generaliter est unum signum minimitatis. A proposito non valet nisi duas minimas, quia quando apponitur tali notulae cauda a parte superiori quasi minima apponitur.

7. Sed quod minima ponitur sic probatur: quia quod primo construitur, illud est primum; sed quando aliquis facit notulam talem, primo facit corpus obliquum et postea facit desursum exilem tractum trahando deorsum

et sic patet quod minima praeponitur et quod hic quasi minor numerus praeponitur majori.

8. Unde si talem dragmam sequitur pausula, non valebit nisi solam minimam, ut hic.

---

1. Cap. V De Dragma *om ms* **4.** et massam *pro* id est majorem *ms* **5.** sic habet *pro* sic se habet *ms* seu massam numerum *pro* secundum *ms* **6.** sed quando ... superiori *om ms* **7.** ponatur *pro* ponitur *ms* praeponatur *pro* praeponitur *ms* **8.** dragmem *pro* dragmam *ms*

2-3. cf. TI 65, 52-54 *etiam* Anonymus dictus Th. de Campo, "De musica mensurabili" Couss. III, 186a: Alii quidam praedictas (notas) signaverunt deorsum et desursum, dantes talibus notulis valorem semibrevis imperfectae, prout in rondelle Douce dame d'amours. Hae parum fuerunt in usu, et adhuc a quibusdam ponuntur quae ab ipsis Dragma vocantur, gallice Fusiel — *vel* Jacobus, "Speculum Musicae" lib. 7 Couss. II 409a: Alii tam superius quam inferius ipsas (semibreves) caudabant easque dragmis similes dragmas nominabant.

5. *Eadem regula reperitur in* AN Cap. XV *in margine. Vide etiam* p. 42, n.

1. (Cap. VI DE LIGATURIS)

2. Item in veteri arte vidimus quod quando sola brevis ligatur cum duplici longa, illa duplex longa non valet nisi quinque tempora, ut hic patet.

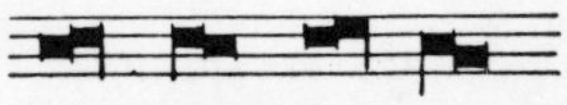

3. Item sic est in proposito quod quando sola semibrevis ligatur cum simplici longa valente duo tempora perfecta partita in sex semibreves aequales, illa longa praedicta non valebit nisi quinque semibreves ut patet hic.

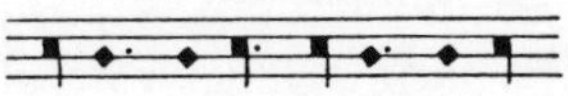

4. Et sic est in imperfecto modo, quando sola minima ligatur cum brevi valente sex minimas, illa brevis non valet nisi quinque minimas, ut patet hic.

2. (Cap. VII DE PRONUNTIATIONE MINIMARUM ET SEMIBREVIUM IN TEMPORE PERFECTO)

2. Tandem de pronuntiatione minimarum et semibrevium dicendum est.

3. Unde notandum est quod quando duae semibreves ponuntur pro uno tempore in modo perfecto, secunda debet esse major, et sic valebit sex minimas, ut hic,

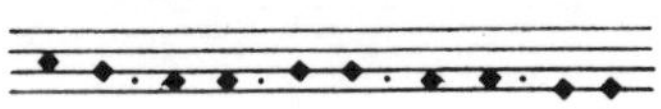

nisi prima signetur, quia tunc est aequivoca, ut dictum est supra, et valet sex minimas, ut hic.

4. Quando autem ponuntur tres, omnes sunt aequales, ut hic,

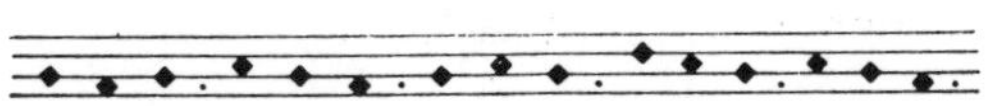

---

1. Cap. VI De ligaturis *om ms* **2.** arte *om ms* **3.** sola brevis *pro* sola semibrevis *ms* longa *pro* ligatur *ms* **4.** ut patet *pro* ut patet hic *ms*

1. Cap. VII ... perfecto *om ms* **3.** quando *om ms* **4.** *post* quinque minimas, ut hic *legitur in margine* verte, *quia exemplum verso reperitur*

nisi prima signetur a parte inferiori, et tunc prima illa valet quinque minimas, ut hic,

et secunda solam minimam, tertia tres minimas.

5. Quando quinque ponuntur, primae quatuor valent sex minimas et ultima tres, ut hic patet,

nisi media illarum signetur, et tunc illa signata valebit quinque minimas, ut hic apparet (exemplum).

6. Quando sex ponuntur, quaelibet duae valent tres minimas, ita quod prima valeat duas minimas, secunda solam minimam, ut hic patet.

7. Quando septem ponuntur, primae tres sunt minimae, et duae mediae valent tres minimas, ut patet hic (exemplum),

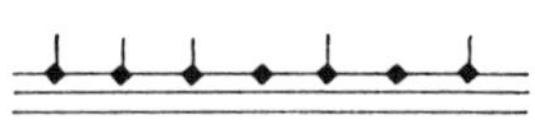

nisi prima signetur, et tunc aliae sex erunt minimae.

8. Quando octo ponuntur, sex primae sunt minimae, septima valet duas minimas, et octava valet solam minimam, ut patet hic,

nisi aliqua illarum signetur a parte inferiori, quia tunc illa signata valebit duas minimas, et omnes aliae erunt minimae.

---

5. valant *pro* valent *ms* et tunc ... minimas *om ms* **6.** ita quod ... minimas *om ms* **8.** ut patet *pro* ut patet hic *ms* sex mediae *pro* aliae sex *ms*

9. Quando autem novem, omnes sunt minimae.

10. Et est notandum quod plures quam novem non possunt ingredi unum tempus, nisi ibi esset aliqua semiminima, et tunc difficile pronuntiari possent, ut patet hic.

1. (Cap. VIII DE PRONUNTIATIONE MINIMARUM ET SEMIBREVIUM IN TEMPORE IMPERFECTO)

2. Sex minimae possunt ingredi tempus imperfectum. 3. Et est notandum quod quando duae [semibreves] ponuntur, ambae sunt aequales semibreves, quia quaelibet valet tres minimas, ut patet hic,

nisi prima signetur et tunc valet quinque minimas, ut patet hic,

vel nisi ultima signetur ut hic.

4. Quando tres ponuntur, prima valet tres minimas, secunda duas, tertia autem solam minimam, ut hic,

nisi prima signetur, et tunc valet tres minimas, ut hic,

---

1. Cap. VIII . . . Imperfecto *om ms* *Hic ponuntur* Cap. IX *et* X *in ms* **3.** et valet *pro* et tunc valet *ms* *In ms permixta vel falsa sunt exempla: haec autem duo exempla 35 et 36 desunt.* **4.** *In ms legitur* Et sic patet quod notula aequivoca (*vide sequentia prius*). In tempore imperfecto valet tres minimas, secunda duas, tertia autem solam minimam, ut hic 

nisi prima signetur ut hic patet 

---

1. Cap. VIII cf. AN Cap. XV

vel nisi ultima signetur, ut hic.

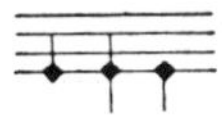

5. Quando quatuor ponuntur, primae duae valent tres minimas, tertia duas, quarta vero solam minimam, ut hic,

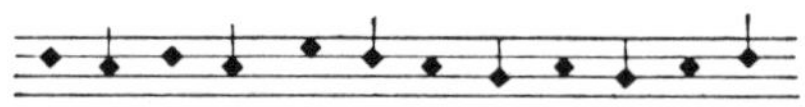

nisi prima vel ultima signetur a parte inferiori, et tunc illa signata valet tres minimas, et aliae tres erunt minimae, ut hic patet.

6. Quando quinque ponuntur, primae tres sunt minimae, quarta valet duas minimas, quinta solam minimam, ut hic,

nisi prima signetur, quia tunc valebit duas minimas, et omnes aliae erunt minimae, ut patet hic.

7. Et sic patet quod notula aequivoca . . . (vide sequentia prius).

8. Quando sex ponuntur, omnes sunt minimae, ut hic apparet: exemplum:

9. Et notandum est quod plures minimae quam sex non possunt ingredi unum tempus imperfectum bono modo. Et si plures fuerint, oportet quod sint semiminimae; tunc difficile pronuntiari possent, ut hic.

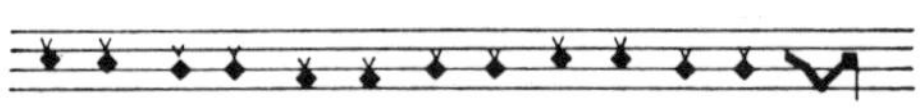

---

quando tres ponuntur, prima valet tres minimas 

5. primae duae valent tres minimas: *id est, prima duas, secunda solam minimam valet, ut dicit* AN Cap. XV, 4 *et ut patet in exemplo* **9.** tunc erit difficile pronuntiari posset *pro* tunc difficile pronuntiari possent *ms Post hanc figuram reperitur* "Explicit ars" *in ms*

1. (Cap. IX DE SIGNIS TEMPORUM PERFECTORUM ET IMPERFECTORUM)

2. Ad designandum tempus perfectum ponitur circulus rotundus, quia circulus rotundus est figura perfecta, ut hic patet.

3. Unde notandum est quod quando talis circulus reperitur, signum est quod tempus semper est perfectum in se, id est quod partitur in tres semibreves aequales. 4. Quod autem sit perfectum probatur sic: illud est perfectum quod habet principium, medium et finem. Sed tempus perfectum, cum partitur in tres semibreves aequales, videtur habere quodam modo principium, medium et finem; ergo est perfectum. Et e converso tempus imperfectum est quod aliquo istorum caret.

5. Unde tempus imperfectum est quando non dividitur nisi in duas semibreves tantum, et sic caret una illarum. Unde ad designandum ejus imperfectionem ponitur semicirculus ut hic.

1. (Cap. X DE NOTULIS RUBEIS)

2. Rubeae notulae ponuntur duabus de causis in motetis, vel quia canuntur alterius mensurae quam nigrae, vel quia dicuntur in octava loci ubi suppositae sunt. Explicit ars.

---

1. Cap. IX . . . imperfectorum *om ms* **4.** perfectum quod aliquo *pro* imperfectum quod aliquo *ms*

---

1. Cap. IX cf. AN Cap. XVI
1. Cap. X cf. AN Cap. XIX *et* TI 69, 22-23